国家统一法律职业资格考试

刘凤科讲刑法之主观题冲刺

①

刘凤科　编著

图书在版编目（CIP）数据

刘凤科讲刑法之主观题冲刺.1／刘凤科编著.--北京：中国商务出版社，2019.9

国家统一法律职业资格考试

ISBN 978-7-5103-3049-0

Ⅰ.①刘… Ⅱ.①刘… Ⅲ.①刑法－中国－资格考试－题解 Ⅳ.①D924－44

中国版本图书馆CIP数据核字（2019）第185026号

国家统一法律职业资格考试·刘凤科讲刑法之主观题冲刺1

刘凤科 编著

出　　版：中国商务出版社有限公司

地　　址：北京市东城区安定门外大街东后巷28号　　邮编：100710

责任部门：创新运营事业部（010－64515145　LYJ@cctpress.com）

责任编辑：薛庆林

助理编辑：刘玉洁

总 发 行：中国商务出版社发行部（010－64266193　64515150）

网　　址：http://www.cctpress.com

邮　　箱：cctp@cctpress.com

排　　版：北京唐人佳悦文化传播有限公司

印　　刷：三河市越阳印务有限公司

开　　本：787毫米×1092毫米 1/32

印　　张：8　　　字　　数：204千字

版　　次：2019年9月第1版　　印　　次：2019年9月第1次印刷

书　　号：ISBN 978-7-5103-3049-0

定　　价：76.00元

目 录

第一章　答题要领

从2018年开始，主观题（案例分析题）已单独成为一个阶段的考试内容，最终决定考生是否通过考试。即法律职业资格考试将主观题作为了第二阶段的考试内容，重在考察法律知识、法治思维和法治能力，以案例分析、法律方法检验考生在法律适用和事实认定等方面的法治实践水平。显然，法律知识的综合应用能力的考核大大地加强，熟练应用所学法律知识分析具体案件的能力将是每个法律职业人的基本素养。

一、主观题与客观题的关系

多数客观题（选择题）考核考生案例分析能力，即选项给出结论及其相应理由，考生直接判断相关结论、命题与理由是否正确；而主观题（案例分析题）需要考生根据所学法律知识，分析案件事实，写出案件的处理结论及其相应的理由。前者是判断给出的理由与结论正确与否，后者是直接书写理由与结论，二者殊途同归，对考生的要求是一致的。当然，主观题（案例分析题）有一个专业知识与理论分析的文字表达的问题，需要运用法律概念、法律命题与逻辑，将案件事实的法律处理意见以语言文字方式记载。换言之，主观题（案例分析题）要求考生学会以法官视角去看待案件事实，准确抽象地归纳案件事实，正确引用法律规定，逻辑严密地进行理论论证，对正反方向不同的意见进行评价，并能撰写判决书。

二、主观题的命题模式

（一）一问一答式

该命题模式先描述案件事实和情节，然后根据案件涉及的刑法知识，有针对性地提出具体问题。一般来说，针对一个事实提出一个具体的问题。这种模式的案例分析题较为简单，问题集中、考点明确、方向清楚、范围确定，考生只需要将所问问题逐一回答即可。

（二）综合解答式

该命题模式在全面描述复杂案例之后，要求考生根据所学法律知识全面分析、评价案例中若干行为人的刑事责任。这种模式要求考生发现案件中隐藏的法律问题，按照系统的法律知识逐步分析案件事实，既要注重对案件正确定性，还要注重考点的全面性。遗漏部分考点是这种模式题最容易犯的错误，这就要求考生在理解具体知识点的同时，将刑法知识体系化，注重体系的构建。

三、主观题的答题方法

主观题（案例分析题）表现为若干独立的案件事实的组合，多数事实基本独立，有的情节会相互关联。在分析其中犯罪人的刑事责任时，有以下两种答题思路：

（1）以犯罪行为为线索，即分析每个犯罪行为涉及的法律问题。典型论述方式为："对于甲、乙实施的某某行为，甲、乙二人成立某罪共犯，甲成立 A 罪既遂，乙成立 B 罪既遂。由于甲自动投案、如实供述自己的罪行，具有自首情节，可以从轻或者减轻处罚。"

（2）以行为人为线索，依次分析各犯罪人的各个犯罪行为。典型论述方式为："对于甲的刑事责任，分析如下：首先，甲实施A行为，符合A罪的构成要件，成立A罪既遂，同时触犯B罪，属于想象竞合犯；其次，甲实施B行为，成立B罪，与A罪应当数罪并罚；最后，甲的C行为属于立功，可以从轻处罚或者减轻。"

无论采取哪一种答题思路，在分析完案件事实之后，建议以行为人为线索对触犯的罪名和处罚原则做简明扼要的总结。

四、主观题的答题技巧

主观题的分析，一定要正确处理事实和法律的关系：案例分析既要有事实的抽象和归纳，也要有法律规定和理论说明，更要注重事实描述和理论应用的完美融合，即案例分析的结论要坚持以事实为根据、以法律为准绳。

在分析和判断犯罪行为罪名时，不需要单独罗列和书写犯罪构成要件内容，但也不能把案件事实重新描述一遍；否则，谈不上案例分析，而是把法律规定与案件事实人为割裂开来，呈现"两张皮"的现象：法律规定与案件事实孤立存在，无法反映二者符合性判断的关系。正确做法是，在案件事实的描述中蕴含法律规定与理论判断，在法律规定与理论阐释中有案件事实的描述和归纳，力求"法律规定在案件事实中明确，案件事实具现相应的法律规定"。

五、主观题的答题思路

案例分析要完整、全面。刑法理论体系性极强，逻辑非常严密，犯罪构成的原理、故意犯罪形态、共犯理论、罪数理论甚至刑罚论的内容，都围绕着一个具体的刑事案件展开；相应地，案例分析题通常都会涉及这些理论问题。简言之，案例分析的具体内容犹如法官对案件所作出的判决书。因此，在对案例进行分析的时候，对于出现的所有情节和事实，只要具有刑法意义，都要在分析中论及，将以下问题在脑海中不断追问：

（1）行为人的行为是否成立犯罪？如果不成立犯罪，理由是什么？如果成立犯罪，成立什么罪，为什么？

（2）如果认为成立犯罪，则要分析如下内容：其客观行为内容是什么，行为方式是作为还是不作为，实行行为与危害结果是否具有因果关系，是否存在违法阻却事由，主观上是故意还是过失，是否存在事实的认识错误，是否影响故意犯罪的认定？

（3）如果成立故意犯罪，属于哪一种故意犯罪形态，即属于犯罪既遂还是未遂、中止、预备，理由是什么？

（4）如果二人以上共同实施违法行为，则是否成立共犯，在什么犯罪的范围内成立共犯，是共同正犯还是间接正犯，是教唆犯还是帮助犯，有无共犯认定的特殊情形，属于共同犯罪人的何种分类，处罚原则如何？

（5）行为人的行为成立几个犯罪，是否存在罪数的判断问题，是否存在想象竞合、法条竞合或者吸收犯、牵连犯问题，如何确定罪数的处理原则？

（6）案件事实是否存在特定的量刑情节，是否属于累犯，是否存在自首、坦白或者立功情节？

（7）在回答上述问题时，还要思考如下问题：相关案件情节和事实是否在刑法理论上存在不同观点和学说，按照不同观点和学说，各自会得出什么不同的结论。凡是涉及相关理论的，或者对案件事实存在不同解读的，都要予以回答，原则上还要论述自己的主张。

（8）如果考试中对案件事实无法做出确定的判断，出于考试得分的需要，也要给出类似或者相近判断，并从正反不同角度做分析。有的案例分析题，考查重心不在于结论如何，而在考核考生运用刑法理论分析案件的思路和过程。

六、主观题的写作规范

案例分析题的回答必须简洁、规范而精确。案例分析题主要是多个案件和情节的组合，考查其涉及的理论要点，评卷主要根据考点给分，即踩点给分。

（1）简洁。答题时语言表述简明扼要，干净利索，尽可能用最少的文字表达完整相应的内容。

（2）规范。答题时要学会应用法律概念、法律命题和法律逻辑分析案件，要有专业意识，用规范的法律语言进行表达和表述是获取评卷者认同的基本条件。

（3）精确。答题时不要过分强调辞藻的华丽、优美，避免以文学语言方式表达法律评价的内容。因为文学语言的特点在于含义的丰富性，意图给予读者更多的想象空间，而法律语言的最高要求在于精确和精准，尽可能做到清楚、明了，避免歧义，避免多义性。在此，提醒每个刑法人都要谨记刑法的明确性，这不仅是罪刑法定原则的要求，也是法律人语言世界应当遵循的基本准则。

第二章　知识要点

一、罪刑法定原则与刑法的解释

（一）罪刑法定原则的基本含义

1. 性质

罪刑法定原则是现代刑法的精神和灵魂，其本质是通过限制国家刑罚权，更好地保障国民的自由和人权。

（1）对于罪刑法定原则的含义，德国学者费尔巴哈曾经有最简明的表达："法无明文规定不为罪，法无明文规定不处罚。"

（2）罪刑法定原则也是社会主义法治理论在刑法领域的集中体现，可谓法治精神与法治理论在刑法中的另一表述。

2. 含义

为了保障国民的自由和人权，国家权力必须被装进"笼子"里，其中约束国家刑罚权的"笼子"就是罪刑法定原则。因此，国家刑罚权（包括制刑权、求刑权、量刑权与执行权）必须受到罪刑法定原则的约束和限制。罪刑法定原则不仅约束立法者，同样约束司法者和执行者，其内容、精神和理念贯穿刑事立法、司法和执行。在司法实践中，司法人员不得以办案需要为借口或者以经上级部门批准为名突破现有法律的规定。

（二）罪刑法定原则的思想渊源

1. 三权分立学说

（1）这是近代民主法治国家构造的基本政治学说，体现了权力分立与制衡的思想，即国家权力分为立法权、司法权与行政权，三者相互分立，相互制衡，以保证权力得到监督。在这种政治架构中，立法者负责制定法律，司法者负责适用法律，那么，刑法领域就应当采取罪刑法定原则。

（2）三权分立学说作为近代以来影响最大的政治学说之一，虽然影响了很多国家的权力结构的构建，但其并未完全成为现代民主国家的政治实践，故无法以其充分解释和论证罪刑法定原则；但权力分立与制衡的思想当然渗透到了刑事立法和司法的实践之中。

2. 心理强制说

（1）这是近代理性主义思想影响的产物。该学说认为，人是趋利避害的动物，如果事先规定什么行为成立犯罪以及所受到的处罚，可以促使行为人权衡犯罪获得的好处与受到的处罚，哪个更有利于自己，从而作出行为选择，以更好地实现刑法一般预防犯罪的功能。

（2）但是，心理强制说从其诞生之初，就受到两个方面的诘难：在哲理上，这种观点将人作为了手段而非目的，即将处罚犯罪人仅仅作为预防他人犯罪的手段；在实证研究上，这种观点缺乏实证数据的支撑，因为大多数犯罪人犯罪并非基于利弊权衡，而是抱着逃避制裁的侥幸心理。

（三）罪刑法定原则的理论基础

1. 民主

（1）民主，即人民当家作主，即诸如犯罪与刑罚这些关系到国民基本和重大事项的内容，必须由国民或者国民选举的代表（在我国，就是指全国人民代表大会及其常委会）以立法方式加以决定，即刑事立法必须体现国民的意志。所以，基于民主的需要，刑法必须坚持罪刑法定原则。

（2）按照这一理解，国民意志体现在法律之中，故定罪量刑时坚持“以事实为根据、以法律为准绳”就是对国民意志的最大的尊重，司法实践不得以民意为借口而以网民们的意见为定罪量刑的根据，否则，会以“民主”的名义侵犯人权，毕竟网民意见具有非理性和不确定的特点。

2. 自由

自由体现为国民享有充分的人权，没有人权，就没有自由。为了不限制国民的行为与创造欲望，事先规定犯罪与刑罚的内容，可以促使国民预测自己行为的法律效果，从而更好地、更大范围地维护国民的人权。无论在立法上，还是在司法实践中，都不允许以事后修改的法律去处罚先前没有认为是犯罪的行为；不利于行为人的类推解释或者类推适用刑法的做法更是被禁止。

（四）罪刑法定原则的基本内容

1. 成文的罪刑法定

（1）基于民主和自由、人权保障的需要，只有全国人大及其常委会依法制定的刑事实体法律规范，才能制定刑罚法则，这是法律主义的立场，此即“成文的罪刑法定”。

（2）行政法规与规章、习惯或者习惯法、判例等（包括立法解释与司法解释）不属于刑法的渊源，不能规定新的刑罚法则，但是，它们可能成为理解犯罪构成要件要素的材料。例如，交通肇事罪中的“违反交通运输管理法规”这一构成要件要素的含义只能依赖相关交规予以理解和认定。由于国际条约与国际公约等不存在法定刑，故不能成为刑法的渊源，换言之，在刑事领域，实体法上判决的依据只能是本国的刑事实体法律规范。

（3）刑法的这一特征与民事法律差距很大。在世界范围内，民事法律的渊源表现多样，不仅包括法律，还包括学理、判例或者习惯，外国的民事法律或者国际条约、公约都可能成为民事案件判决的依据。刑法是限制甚至剥夺权利的法律，而民法是创设权利义务的法律，所以刑法采取罪刑法定原则，只有刑法才能规定犯罪与刑罚，而民法的渊源极为广泛，表现形式多样。

2. 事前的罪刑法定

（1）为了限制国家刑罚权，更好地保障国民自由和人权，不得以事后制定的法律去处罚行为时没有被规定为犯罪的行为，即禁止溯及既往（事前的罪刑法定）；但是，刑法只禁止不利于行为人的溯及既往（事后法），而允许有利于行为人的溯及既往（事后法）。禁止溯及既往，既是司法原则，也是立法原则。

（2）下列做法违反禁止溯及既往的原则：对行为时并未禁止的行为科处刑罚；对行为时虽有法律禁止但并未以刑罚禁止（未规定法定刑）的行为科处刑罚；事后减少犯罪构成要件而增加犯罪可能性；事后提高法定刑或者加重刑罚的内容；改变刑事证据规则，事后允许以较少或较简单的证据作为定罪根据；事后增加或者加重保安处分或非刑罚处罚；将自诉罪变更为公诉罪，或者事后延长追诉时效。

3. 严格的罪刑法定

（1）罪刑法定原则的精神和理念必须体现在具体个案的处理中，而这取决于公平、合理地解释刑法。法律是正义的文字表述，故解释者必须本着善意并怀着公平、正义之心去解释刑法，禁止任何不合理、不公平地解释刑法；当然，刑法解释必须遵从于法条使用的语言文字可能具有的含义。对刑法没有明文规定为犯罪的行为适用类似规定而定罪处罚的做法，属于类推解释或者类推适用刑法，是司法恣意的体现，不被允许。

（2）但为了更好地限制国家刑罚权、保护国民权利，刑法理论只禁止不利于行为人的类推解释，而允许有利于行为人的类推解释。例如，《刑法》第389条第3款规定的“因被勒索给予国家工作人员财物，没有获得不正当利益的，不是行贿”，可以类推适用于第164条规定的对非国家工作人员行贿罪。

4. 确定的罪刑法定

刑罚法规必须具有适当性。包括三个方面：明确性、罪的法定以及刑的法定。

（1）明确性。刑法涉及国民的生命、自由或者财产，刑法规定必须清楚、明了，不得有歧义，不得含糊不清。不明确的刑法规定因其以法律的名义对法治进行破坏，故较之没有法律规定危害更大。刑法的明确性有赖于刑事立法与刑法理论的合力。明确性的实现与分则条文中罪状（简单罪状、叙明罪状、空白罪状和引证罪状）的规定模式无关，与刑法条文字数的多少无关，与罪名是否准确或者科学无关，更不能因为某种理论学说或者解释结论不当地理解了刑法规定，就认为刑法欠缺明确性，即不能混淆法律和对法律的理解。

明确性原则不仅是立法原则，而且是司法原则。一方面，司法解释与指导性案例都要遵循明确性原则，即司法解释不得导致司法人员对其内容朝着相反的方向理解，不得导致司法人员难以或者不能确定其基本含义，不得导致司法人员无法确定其用语的涵摄范围；指导性案例的裁判要点与裁判理由必须一致并且明确。另一方面，起诉书与判决书也要遵循明确性原则，即起诉书必须做到指控事实明确与适用法条明确；判决书必须实现事实描述的明确性、适用法条的明确性与裁判说理的明确性。

（2）**罪的法定**。为防止“恶法亦法”的出现，刑法禁止处罚不当罚的行为。现代刑法不能干涉国民私生活的所有领域，要正确合理地区分伦理、道德与法律规制的领域。对于没有侵犯国家、社会或者他人利益的行为，或者轻微侵犯他人法益的行为，或者实践中极为罕见的法益侵犯行为，无论立法还是司法，都不允许将其作为犯罪行为加以处罚。

（3）**刑的法定**。现代刑法追求文明和人道，禁止残酷的、不均衡的刑罚，而且禁止绝对不定（期）刑。

一方面，没有犯罪，就没有刑罚。犯罪是刑罚适用的前提，刑罚是犯罪的法律后果，无论是刑事立法，还是刑事司法或者执行，都不允许在没有犯罪的情况下给予刑罚处罚。劳动教养制度就是在没有犯罪并且在没有经过审判的情况下，较长时间剥夺国民人身自由的制度，属于变相予以刑罚处罚，这是国家刑罚权滥用的表现，违背罪刑法定原则。

另一方面，没有刑罚，就没有犯罪。只有刑事立法为某一违法行为规定了法定刑，该行为才属于刑法禁止的犯罪行为；否则，该行为不是犯罪行为，因为罪刑法定原则是为了限制国家刑罚权。为了最大限度约束法官，限制其自由裁量权，不允许立法时不设定相应的刑罚种类和刑期，而将刑种和刑期完全交由法官决定，故刑法禁止绝对不定刑。绝对确定的法定刑也不可取，因为采取绝对确定的法定刑虽然可以限制法官的自由裁量权，但无视具体案件的特殊性，在个案判决中虽然保证了一般正义，却牺牲了个别正义。因此，现代刑法主要采取相对确定的法定刑，明确规定了刑种和刑期（刑期长短适当，不宜过宽，不宜过窄），既可以限制法官的自由裁量权，保证一般正义的实现，也可以适应不同案件的特殊性，保证个别正义的实现。

（五）存疑时有利于行为人的原则

刑事法律应当适用存疑时有利于行为人的原则。但是，存疑时有利于行为人的原则仅仅针对案件证据和事实的判定，不适用于刑法的解释，即解释法律不能按照有利于行为人的角度解释；否则，对任何案件只有作出无罪的解释才是符合罪刑法定原则的要求，这明显不合理。该原则在刑事诉讼法上又被称为疑罪从无、疑罪从轻原则，即证据存在疑问的时候（不能达到排除合理怀疑程度），案件事实应该作出有利于行为人的判断。证据学上“孤证不能定案”也表明了这一原则。

（六）刑法解释的方法与理由

1. 解释方法

包括平义解释、扩大解释、缩小解释、反对解释与补正解释。

（1）刑法特定用语的某一解释结论，只能采取一种解释技巧或方法。即对一个条文中的某一术语的解释结论，不能既采取扩大解释，又采取缩小解释。但是，针对同一词语，在不同法条中，可能有的应作扩大解释，而有的要作限制解释。

（2）刑法解释的方法（技巧）只是提供了探求法律含义的路径，即提供解释结论，但其解释结论不一定符合罪刑法定原则的要求。换言之，按照允许的解释方法得出的解释结论不一定正确，有可能违反罪刑法定原则。

2. 解释理由

所谓解释理由，是指刑法解释凭借的条件、材料或者途径，具体包括文理解释与论理解释，后者还包括目的解释、历史解释、比较解释与体系解释。

按照解释方法得出具体的解释结论，但解释方法不能论证结论的合理性；要论证解释结论的合理性，需要解释理由，故解释理由是对解释结论的论证。语言文字是法律的载体，故文理解释是最基本的解释理由，其他解释理由（论理解释）都必须以文理解释为前提。如果文理解释的结论具有唯一性，或者文理解释的结论公平、合理，就不允许通过论理解释推翻文理解释的结论；如果文理解释结论具有多重性，则需要论理解释确定法律的含义。故各种解释理由之间并非相互排斥，而应彼此配合，以探求合理的解释结论。

（1）**同一语词在不同法条中可能具有不同含义**。例如伪造、暴力、胁迫、侮辱、犯罪等。

（2）**同类解释规则**。对刑法中“等”“或者其他”“以及其他”等概括性规定的内容的确定，需要运用同类解释规则，即概括规定的内容必须与刑法明文列举的内容具有同质性，严重程度至少具有等价性。

（3）**当然解释**。即入罪时举轻以明重、出罪时举重以明轻。

一方面，就某种行为是否被禁止而言，采取“举轻以明重”的原则，即某个轻微的行为被明文规定为犯罪，那么，一个性质相同、危害程度更高的行为更应该认定为犯罪；举轻以明重追求结论的合理性，但必须符合犯罪构成要件，否则属于不利于行为人的类推解释，违反罪刑法定原则。

另一方面，就某种行为是否被允许而言，采取“举重以明轻”的原则，即某个严重的行为被刑法明确否定成立犯罪，那么，一个性质相同、危害更轻的行为更不应该认定为犯罪；举重以明轻不需要刑法条文对此有明文规定，因为刑法允许有利于行为人的类推解释。

二、构成要件符合性

（一）不真正不作为犯

1. 相当性

（1）不作为与作为具有相当性，才可能成立犯罪，而不作为与作为的相当性取决于行为人应当阻止危险但未排除或者控制既存的危险。

（2）具体而言，不真正不作为犯要求满足三个条件：一是行为人负有防止危害结果发生的作为义务，即行为人处于保证人地位；二是行为人能够履行义务，即行为人具有“作为的可能性”；三是行为人履行义务本可以避免结果的发生，即行为人具有“结果回避的可能性”。其中第二、三条件是所有不作为犯罪都应该具备的条件。

2. 行为人负有防止结果发生的作为义务

（1）**基于对危险源的支配产生的监督义务**。如果行为人对导致结果发生的危险源处于实质上的支配、控制地位，而且对危险源具有形式上的监督管理义务，则行为人具有作为义务。包括对危险物（危险动物、危险物品、危险设置、危险系统等）的管理义务，对他人危险行为（他人不能承担刑事责任）的监督义务以及对自己的先前行为引起的法益侵害危险的防止义务。

注意先前行为引起作为义务的情形：

第一，下列情形不能成为作为义务的来源：行为人的行为没有增加、制造危险；该危险并不紧迫、微不足道；危险属于被害人自担风险的情形；无关之人偶然经过或者出现在法益侵犯现场。

第二，先前行为不要求行为人独立实施，行为人参与了奠定作为义务基础的先前行为时，就具有防止结果发生的义务。

第三，一般过失行为、过失犯罪行为、故意犯罪行为都可以成为先前行为。

第四，先前行为不要求一定是违法行为。紧急避险、法令行为、被害人承诺有效的行为，都可能引起作为的救助义务。

【观点展示】正当防卫行为能否成为先前行为，在刑法理论上存在否定说与肯定说的分歧。

否定说认为，正当行为不可能成为先前行为，因为法秩序所许可的合法的危险前行为不产生保证人义务。

肯定说（通说）认为，正当防卫可以成为先前行为。如果正当防卫造成被害人死亡也不过当时，防卫人无救助义务；如果正当防卫致人伤害，并未过当，而且该伤害不可能导致死亡，即没有过当的危险，防卫人也没有救助义务；如果正当防卫造成了伤害（该伤害本身不过当），但具有死亡的紧迫危险，发生死亡结果就会过当，则防卫人具有救助义务（先前作为与后面的不作为共同导致了防卫过当）。

（2）**基于与法益的无助（脆弱）状态的特殊关系产生的保护义务**。在这种情形中，只有当法规范、制度或体制自愿接受使法益保护具体地依赖于特定的人时，此人才具有保证人地位。

【观点展示】妻子自杀时，丈夫是否具有救助义务？

否定说认为，妻子自杀，是自陷风险的行为，丈夫不阻止或者不救助的，不构成不作为的杀害，因为作为义务的目的在于防止对被害人的法益侵害，而不是在被害人不愿意接受保护时仍然去干涉其意志自由，更不能将保护义务转化为对被保护者的约束和管制。

肯定说认为，刑法对生命实行绝对的保护，妻子的自我答责只是意味着妻子对自己的自杀行为不承担刑事责任，并不意味着免除了丈夫的救助义务；当然，法益主体损害自己有权处分的法益时，其他人没有保护义务。

（3）**基于对法益的危险发生领域的支配产生的阻止义务**。在这种场合，只有该领域的支配者可以排除危险时（具有排他性），才能要求该领域的支配者履行义务。这种排他性的支配，既不排除同时犯（其他人同时可能成立犯罪），也不排除共犯（其他人可能成立共犯），包括对自己支配的建筑物、汽车等场所内的危险的阻止义务以及对发生在自己身体上的危险行为的阻止义务。

3. 作为可能性

负有作为义务的人具有履行义务的可能性，因为“法律不强人所难”。如果行为人履行义务对自己的生命存在危险，则意味着没有作为的可能性；如果履行义务对自己没有生命危险，负有义务的人应该尽其所能履行义务。判断行为人能否履行义务，应该从行为人履行义务的客观条件与个人能力两方面进行具体判断。

4. 结果回避可能性

只有行为人不履行作为义务，造成或可能造成结果的，才可能成立不作为犯罪。换言之，只有当行为人履行作为义务可以避免结果发生时，其不作为才可能成立犯罪。

5. 不作为的成立条件不等于不作为犯罪的成立条件

行为符合不作为的一般客观条件，并不直接成立犯罪，只有当某种不作为符合具体犯罪构成时才成立犯罪。换言之，不能以不作为的条件代替不作为的犯罪构成要件。

（二）结果加重犯

1. 客观条件

行为人实施基本犯罪行为，造成了加重结果，基本犯罪行为与加重结果之间具有直接因果关系。

（1）行为对象的要求。结果加重犯应是对基本犯罪行为对象造成加重结果，即使发生事实认识错误，也不影响结果加重犯的认定。

（2）行为与结果的性质。加重结果是基本犯罪行为直接导致的在程度与性质上重于基本犯罪结果的结果。一方面，必须是基本犯罪行为导致加重结果；另一方面，加重结果必须是和基本犯罪结果在性质上相关联，并在程度上更严重。如果不是基本犯罪行为导致，也与基本犯罪结果没有关联，则难以认定为结果加重犯。

（3）因果关系的认定。结果加重犯中因果关系的判断采取严格的结果归属。一般认为，在具备通常的结果归属条件的前提下，只有当基本行为与加重结果之间具备直接性要件，即只有当具有造成加重结果高度危险的基本行为直接造成了加重结果时，才能将加重结果归属于基本行为，进而认定为结果加重犯。一方面，结果加重犯要求基本行为具有类型化的高度危险，或者具有发生加重结果的特别危险；另一方面，结果加重犯要求高度危险的直接现实化。

2. 主观条件

行为人对基本犯罪具有故意或者过失，对加重结果至少有过失。

3. 法定性

刑法就发生加重结果加重了法定刑。

注意：结果加重犯与基本犯属于法条竞合，不属于想象竞合。结果加重犯与基本犯罪的罪名相同，但刑法分则可能将有的结果加重犯规定为另一种独立犯罪。例如刑法将“刑讯逼供致人死亡”拟制为故意杀人罪。

【观点展示】行为人故意造成加重结果的，如为抢劫财物而故意杀害被害人的，如何评价？

观点一认为，刑法将该行为规定为抢劫罪的结果加重犯，该规定属于特殊法条，与故意杀人罪之间属于法条竞合关系，仅成立抢劫罪一罪。

观点二认为，虽然该行为成立抢劫罪的结果加重犯，但并未评价故意杀人侵犯法益的内容，为实现对行为的完整、充分、全面的评价，应认定行为人成立抢劫罪的结果加重犯与故意杀人罪既遂的想象竞合犯，从一重罪论处。

（三）因果关系

如果实行行为与实害结果具有事实上引起与被引起的因果关系，而且该实害结果是实行行为制造的不被法律所允许的法益侵犯危险的现实化时，就能肯定结果归属，即具有刑法上的因果关系。

1. 事实因果关系

事实因果关系有无的判断，无论采取条件说，还是合法则的因果关系说，只要能得出肯定的结论，都可以认定存在事实上引起与被引起的因果关系。

2. 结果归属

行为与结果的关系只有满足了刑法规范所要求的特定结构，才能确定刑法上的结果归属问题。即只有当行为与结果之间具有条件关系，而且行为的危险已经现实化为侵害结果时，才能将该侵害结果归属于行为。

（1）**介入因素**。在因果联系的发展进程中，如果介入了第三者的行为、被害人的行为或行为人的其他行为，则应通过考察介入因素的异常性大小、行为人的行为导致结果发生的可能性大小、介入因素对结果发生的作用大小、介入因素是否属于行为人管辖的范围等，判断结果是否能够归属于行为。

（2）**规范保护目的**。实行行为引起注意规范的保护目的所指向的结果时，才能将结果归属于行为。交通肇事罪，行为人的违章行为制造了不被法律允许的交通危险，该危险现实化为特定的交通事故，才能认定违章行为与特定交通事故之间存在因果关系；换言之，不能因为行为人存在违章行为、客观上存在交通事故就肯定违章行为与交通事故之间存在因果关系。

（3）**特定行为结构**。只有发生了属于构成要件效力范围的行为与结果，才可能将其中的结果归属于行为。

①诈骗罪（包括合同诈骗犯罪与金融诈骗犯罪）。行为人的欺骗行为使被骗人产生认识错误，被骗人基于该认识错误处分财产，从而造成财产损失的，只有对象同一，才能认定诈骗行为与财产损失之间存在因果关系。一方面，如果被骗人没有被骗，而是基于怜悯等心理或者出于配合警方抓捕行为人的需要而处分财产给行为人，则行为人的欺骗行为与取得财产之间不存在因果关系，最多只能认定为诈骗罪的未遂，而不成立诈骗罪既遂。另一方面，如果被骗人基于错误认识而将财物处分给无关的第三人，行为人的欺骗行为与财产损失之间虽然存在因果关系，但行为人并未因此取得财物，也只能认定为诈骗罪未遂。

②敲诈勒索罪。行为人的恐吓行为使被害人陷入恐惧心理，被害人基于恐惧心理处分财产，从而造成财产损失，只有对象同一，才能认定敲诈行为与财产损失之间存在因果关系。一方面，如果被害人根本没有陷入恐惧心理，而是基于同情或者为了抓捕犯罪人而处分财产，那么，行为人的敲诈行为与财产损失之间不存在因果关系，最多只能认定为敲诈勒索罪的未遂。另一方面，如果被害人产生恐惧心理之后处分财产给无关的第三人的，虽然敲诈行为与财产损失之间存在因果关系，但行为人并未因此取得财物，也只能认定为敲诈勒索罪未遂。

③抢劫罪。行为人的暴力、胁迫或者其他方法行为压制被害人反抗，强行劫取财物，才能认定抢劫手段行为与取财的目的行为之间存在因果关系。如果行为人并不是基于压制

反抗强行取得对方的财物，那么抢劫行为与取得财物之间就没有因果关系，不成立抢劫罪既遂，只能成立抢劫罪未遂与其他犯罪并罚。

（四）定罪身份

在共犯中，正犯行为的处罚依据在于正犯行为本身。因此，在真正的身份犯中，定罪身份只是针对该犯罪的正犯（包括直接正犯与间接正犯）而言。但是，按照共犯从属性说，教唆犯与帮助犯的违法性来源于或者从属于正犯，只要正犯具有违法性，引起或者帮助正犯的行为就具有违法性。因此，不具有定罪身份的人，可以成为真正身份犯的帮助犯或者教唆犯，或者成为其他不要求定罪身份的犯罪的正犯。

三、违法阻却事由（排除犯罪事由）

（一）正当防卫的成立条件

1. 起因条件：存在现实的不法侵害

如果客观上并无现实的不法侵害，行为人误认为存在而进行的"防卫"行为，即为假想防卫。假想防卫属于事实认识错误问题，不成立故意犯罪；如果行为人主观上有过失，成立过失犯罪；没有过失，则属于意外事件。

【观点展示】未达到法定年龄、不具有责任能力的人的侵害行为，是否属于不法侵害？

观点一：按照传统的"四要件"犯罪论体系，不法侵害是指达到刑事法定年龄、具有刑事责任能力的人在故意、过失的心理支配下实施的侵害行为。按照该观点，只要侵害者未达到刑事法定年龄、不具有刑事责任能力，其行为就不属于不法侵害，对其就不允许进行正当防卫，只能进行紧急避险。而且防卫者只有在明知不法侵害人具有刑事责任能力、达到刑事法定年龄时，才可能成立正当防卫。

观点二：按照不法与有责二分的犯罪论，无论侵害者是否达到刑事法定年龄、是否具有责任能力，只要侵害者的行为在客观上可能侵犯法益（结果无价值论），或者侵害者故意或者过失实施该侵害行为（行为无价值论），其行为都属于不法行为，对其允许进行正当防卫。换言之，即使侵害者没有达到刑事法定年龄、没有责任能力，也无论防卫者对此是否具有认识，防卫者的行为都可能成立正当防卫。

【观点展示】不法侵害的认定是否要求侵害者具有故意或者过失的责任心理？

观点一：按照行为无价值论的立场，故意、过失属于违法要素，即只有具有故意、过失心理的行为才可能属于违法行为，而意外事件不属于不法侵害行为，故对属于意外事件的行为不能进行正当防卫，但可以进行紧急避险。

观点二：按照法益侵害说的立场，故意、过失只是责任要素，而非违法要素，只要客观行为可能侵犯法益，就属于违法行为；意外事件的行为只要可能侵犯法益，就属于不法侵害行为，对其可以进行正当防卫。

2. 时机条件：不法侵害必须正在进行

只有当不法侵害正在进行时，防卫行为才可能减少或者避免不法侵害，防卫行为才具有正当性。

（1）财产犯罪的特例。财产性不法侵害行为虽然已经既遂（结束），但不法侵害状态依然存在，在现场还来得及挽回损失的（即现场发现并追赶不法侵害人的过程中，直到不法侵害人建立稳定的占有关系为止），应当认为不法侵害尚未结束，可以实行正当防卫。

（2）一体化的防卫行为。即在不法侵害已经结束后实施的防卫行为，但与结束前的防卫行为具有一体化。一体化的防卫行为，不属于防卫不适时，如果没有超过必要限度，则成立正当防卫；如果超过了必要限度，则成立防卫过当，但不成立独立犯罪。

3. 对象条件：针对不法侵害人本人进行防卫

（1）不法侵害人将其财产作为不法侵害的手段或者工具，防卫者通过毁损其财物制止不法侵害、保护法益的，成立正当防卫。

（2）防卫行为不限于"单纯避免"或者"单纯制止"不法侵害，还包括造成伤亡的行为；如果行为排除了不法侵害，但不可能被视为犯罪的客观行为时，不具有犯罪性，没必要认定为正当防卫（如大喊一声吓走不法侵害人）。

（3）防卫行为客观上致使第三者伤亡的，如果主观上具有故意，则成立故意犯罪；如果主观上具有过失的，以过失犯罪论；如果没有过失的，则属于意外事件；如果符合紧急避险条件的，以紧急避险论处。

【观点展示】甲被乙追杀，在逃跑过程中捡起一块石头扔向身后的乙，把乙砸成重伤，同时把正好从这里经过的丙也砸成重伤。针对乙的重伤结果，甲成立正当防卫；针对丙的重伤结果，对甲的行为评价存在以下观点：

观点一认为，甲导致丙重伤的行为成立正当防卫，因为甲的行为的正当性并不因为导致第三者丙的重伤而丧失。

观点二认为，甲导致丙重伤的行为成立紧急避险，因为甲在遭受生命危险时，不得已将风险转嫁给第三者丙。

观点三认为，甲导致丙重伤的行为成立假想防卫，不成立故意犯罪，原则上成立过失致人重伤罪，因为甲在具有防卫意识的情况下，针对没有不法侵害的丙实施了“防卫”行为；当然，如果甲（职务、业务上负有特定责任的人除外）“不得已”实施防卫行为的，则成立紧急避险。

观点四认为，甲导致丙重伤的行为缺乏期待可能性，因为甲在遭受生命威胁的紧急危险时，不能期待甲不侵害他人的权利，故即使认为甲的行为具有违法性，也缺乏期待可能性而阻却责任。

4. 限度条件：没有明显超过必要限度造成重大损害

（1）其中“必要限度”中的“必要”，以制止不法侵害、保护法益的合理需要为判断标准，须考虑不法侵害的程度、缓急以及不法侵害的权益：法益衡量要关注具体的法益内容（生命、身体、自由、财产等），要对不法侵害人侵害的法益作缩小评价；手段是否必须，要判断双方的手段、打击强度、打击部位、人员对比、现场环境等。

（2）判断限度条件时，不能过分要求手段相适应；也不能仅将不法侵害者已经造成的侵害与防卫人造成的损害进行比较，还要对不法侵害者的侵害行为可能造成的侵害与防卫人造成的损害相比较；更不能仅将防卫行为及其造成的损害与不法侵害人先前的不法侵害进行比较，而应将防卫行为及其造成的损害与不法侵害者原有的不法侵害、新的暴力侵害、可能继续实施的暴力侵害进行比较；而且正当防卫造成的损害可以大于不法侵害所造成的损害。

5. 主观条件：防卫意识，主观的正当化要素

（1）防卫意识，包括防卫认识与防卫意志。防卫认识

是指防卫人认识到不法侵害正在进行，而防卫意志是指防卫人出于保护国家、公共利益、本人或者他人的人身、财产和其他权利免受正在进行的不法侵害的目的。

（2）偶然防卫，是指主观上没有防卫意识，但客观上偶然阻止了正在进行的不法侵害。按照防卫意识必要说，偶然防卫不成立正当防卫；按照防卫意识不要说，偶然防卫成立正当防卫。传统的行为无价值论认为，（故意的）偶然防卫成立犯罪既遂；二元论的行为无价值论认为，偶然防卫造成了正当的结果，缺乏结果无价值，但存在行为无价值，因而成立犯罪未遂；缓和的结果无价值论也认为，（故意的）偶然防卫成立犯罪未遂；彻底的结果无价值论认为，偶然防卫在客观上没有侵犯值得刑法保护的法益，无罪。

【观点展示】 丙正在非法杀丁时，甲与乙没有意思联络却同时开枪射击丙，丙的心脏被两颗子弹击中；但甲知道丙正在杀丁，乙不知道丙正在杀丁。

按照二元的行为无价值论，乙没有防卫意识，而是具有杀人故意，其行为属于违法行为，构成故意杀人罪；但是，该行为偶然阻止了丙的不法侵害，没有结果无价值，故成立故意杀人罪未遂。甲有防卫意识，属于合法行为，不成立犯罪。

按照彻底的结果无价值论，甲、乙二人的行为在客观上都阻止了正在发生的不法侵害，保护了值得保护的利益，没有侵犯值得保护的利益，客观上没有侵犯法益，没有违法性，不成立犯罪（甚至可能成立正当防卫）。

6. 特殊正当防卫

对正在进行行凶、杀人、抢劫、强奸、绑架以及其他严重危及人身安全的暴力犯罪，采取防卫行为，造成不法侵害人伤亡的，不属于防卫过当，不负刑事责任。

（二）紧急避险的成立条件

1. 法益面临现实危险

法益包括国家、公共法益与他人、本人的人身或者财产法益；危险来源包括自然力量，动物侵袭，危害行为，饥饿、疾病等特殊情况。

（1）这里的“法益”不包括职务上、业务上负有特定责任的人所面临的对本人的危险。

（2）危险具有现实性，如果客观上不存在现实危险，但行为人错误地认为存在现实的危险，进而实施避险行为的，是假想避险，属于事实认识错误，不成立故意犯罪，但可能成立过失犯罪或者意外事件。

2. 危险正在发生

如果在危险尚未发生或者已经消除的情况下实施避险行为的，属于避险不适时，可能成立故意犯罪、过失犯罪等。

3. 必须出于不得已而损害另一法益

（1）“不得已”是指对于正在发生危险，没有其他合理的方法排除危险，只能损害另一法益，才能保护面临危险的法益。

（2）“另一法益”通常是指损害第三者的法益（包括不法侵害人的其他合法利益以及国家利益），而不是针对危险来源本身造成损害。

4. 避险意识

避险意识包括避险认识和避险意志。偶然避险，是指没有避险意识，故意或者过失实施的侵害行为符合紧急避险客观条件。与偶然防卫的处理原则相同：按照行为无价值论，偶然避险属于违法行为，成立故意或者过失犯罪；按照结果无价值论，偶然避险不成立犯罪，甚至属于紧急避险。

5. 限度条件：没有超过必要限度造成不应有的损害

我国传统刑法理论认为，紧急避险行为所引起的损害应小于所避免的损害。对于避险过当的，应当酌情减轻或者免除处罚。

刑法理论主流观点认为：

(1) 保护的利益大于损害的利益也有可能超过必要限度。

(2) 不得已损害同等财产法益的，不一定超过了必要限度。

(3) 牺牲某人保护他人生命的行为，通常具有违法性，无辜的第三者可以对其进行正当防卫；在符合紧急避险其他条件的情况下，只能认为避险者没有责任，属于超法规的阻却责任的紧急避险。但是，只有当某人承诺牺牲自己，或者唯有某人处于被牺牲者的地位等情形时，才能将牺牲其生命保护其他人的生命的行为认定为阻却责任的紧急避险。

(三) 被害人承诺有效的条件

1. 承诺范围

承诺者对被侵害的法益具有处分权限。

(1) 任何人对国家法益、社会公共法益以及他人法益都不能承诺，但代理承诺可能有效。

(2) 被害人原则上只能承诺自己的个人法益。个人财产、名誉、自由、轻伤害、已满 14 周岁妇女的性权利可以承诺，但重伤害、生命的承诺无效。已满 18 周岁的人自愿捐献器官给他人的，承诺有效；但不满 18 周岁的未成年人自愿捐献器官的，其承诺无效。就生命的承诺而言，消极的安乐死（患者让家人将药物拿走，后来患者病死的）无罪；但积极的安乐死（患者让他人将自己杀死的）具有违法性，成立故意杀人罪。

2. 承诺能力

承诺者对所承诺的事项的意义与范围具有理解能力。

3. 承诺对象

承诺者既承诺行为，而且承诺行为的结果。

4. 承诺真实

（1）基于被害人真实意思而承诺，但戏言性承诺、基于强制或者威压作出的承诺无效。

（2）基于被骗而作的承诺。欺骗行为使被害人对于法益的有无、性质与范围产生认识错误而作出承诺的，承诺无效。被害人承诺的重要目的得以实现的，承诺有效；被害人承诺的重要目的没有实现的，承诺无效。欺骗行为使被害人不可能行使自己决定权，因而不可避免陷入错误时，承诺无效。

5. 承诺时间

放弃承诺后，承诺无效；承诺至迟必须存在于结果发生时，即事后承诺无效。

6. 现实承诺

承诺客观存在。

（1）假想承诺：行为人误以为存在被害人承诺而实施了侵害行为的，属于假想的被害人承诺，属于事实认识错误，不成立故意犯罪，可能成立过失犯罪或者意外事件。

（2）偶然承诺：客观上被害人作出了承诺，但行为人没有意识到被害人的承诺而实施了损害被害人利益的行为。

观点一：意思方向说（结果无价值论）。只要被害人具有现实的承诺，即使没有表示于外部，行为人没有认识到被害人承诺，也是有效的承诺。

观点二：意思表示说（行为无价值论）。承诺的意思必须以语言、举动等方式向行为人表示出来，通常还要求行为人认识到被害人承诺。

7. 承诺限制

经承诺的行为不得超出承诺的范围。经承诺的实施的行为本身不违反法律；如果侵犯其他法益的，可能构成其他犯罪。

（四）危险接受行为

1. 自己危险化的参与行为

（1）被害人意识到并实施了危险行为，并遭受了侵害结果，但行为人的参与行为与侵害结果之间具有物理的或者心理的因果性（行为人参与了被害人的自发的自己危险化）。

（2）被害人的行为是导致侵害结果的直接原因，即被害人自己支配了侵害结果的发生，行为人只是参与了被害人的自己危险化。

（3）被害人是正犯，其自冒风险的行为不符合构成要件，也不具有违法性；行为人属于共犯，按照共犯从属性的原理，正犯行为不符合构成要件，不管在从属性程度上采取何种学说，都不能将侵害结果归属于共犯行为，共犯行为（教唆行为与帮助行为）都不成立犯罪。

2. 基于合意的他者危险化行为

（1）行为人的行为给被害人造成了损害结果，但被害人认识到并且同意行为人的行为给自己的利益造成的危险。

即被害人仅承诺了危险，而没有承诺侵害结果。

（2）如果行为人的行为支配了侵害结果的发生，行为人是正犯、被害人是共犯，故行为人可能成立犯罪。

（3）如果被害人成为侵犯自己法益的间接正犯时，其行为不符合任何犯罪的构成要件，按照共犯从属性原理，行为人的参与行为也不可能符合构成要件。

四、责任构成要件要素

（一）故意、过失的关系

1. 我国刑法以处罚故意犯罪为原则、以处罚过失犯罪为例外

刑法对过失犯罪规定了较故意犯罪轻得多的法定刑。同一犯罪行为，要么是故意犯罪，要么是过失犯罪，不存在复合罪过。

2. 故意与过失关系的不同理论

观点一认为，二者属于对立关系。即认为故意和过失相互排斥，不能将故意行为认定为过失犯罪；在行为人的心理状态不明的情况下，也不能认定为过失犯罪。

观点二认为，二者属于位阶关系。即认为故意与过失之间的关系，是回避可能性的高低度关系，是责任的高低度关系，也是刑罚意义的高低度关系。

观点二是当前理论界的通说。按照该观点，同一违法事实，如果过失情形被规定为犯罪，则故意情形一定被规定为犯罪；如果故意情形被规定为犯罪，过失的情形是否成立犯罪，取决于“法律有规定的才负刑事责任”。如果在故意与过失之间判断存在疑问时，按照存疑时有利于行为人的原

则，应以过失犯罪论处。

【观点展示】国家机关工作人员甲一次玩忽职守行为，致使国有财产损失18万元，另一次玩忽职守行为致使国有财产损失15万元；国家机关工作人员乙一次滥用职权行为造成国有财产损失18万元，另一次玩忽职守行为造成国有财产损失15万元。司法解释规定，滥用职权造成财产损失30万元以上的，成立滥用职权罪（故意犯罪），玩忽职守造成财产损失30万元以上的，成立玩忽职守罪（过失犯罪）。

无论按照观点一还是观点二，甲的行为都成立玩忽职守罪，造成财产损失33万元；但是按照观点一，乙的行为既不成立滥用职权罪，也不成立玩忽职守罪，结局是无罪；按照观点二，乙的行为成立玩忽职守罪，造成经济损失33万元，因为滥用职权符合玩忽职守的构成要件，即可以将滥用职权造成的经济损失评价为玩忽职守造成的经济损失。

（二）犯罪故意与犯罪过失的认定

1. 犯罪故意

成立故意犯罪，一方面要求行为人认识到符合违法构成要件要素的行为事实（有的犯罪包括特定的时间、地点、方式方法）、行为对象、危害结果、定罪身份、不存在违法阻却事实的事实，但因果关系发展进程本身不属于故意的认识内容，违法性认识也不属于故意的认识内容；另一方面要求行为人希望或者放任与其认识到的危害结果具有相同法律意义的危害结果发生。

2. 犯罪过失

过失犯罪不要求行为人认识到符合违法构成要件要素的违法事实，但至少要求行为人应当预见到所有符合违法构成要件要素的违法事实本身。无论是过于自信的过失还是疏忽大意的过失，行为人都是反对危害结果的发生。

（三）具体事实认识错误中的对象错误

1. 对象错误

行为人误把甲对象当作乙对象加以侵害，而甲对象与乙对象体现相同的法益，行为人的认识内容与客观事实仍然属于同一犯罪构成的情况。

2. 处理结论

在对象错误中，具体符合说与法定符合说的结论一致，即该错误不影响犯罪故意的认定，只成立故意犯罪一罪。

【观点展示】 甲意图杀死乙，当其得知乙当晚在单位值班室值班时，即放火将值班室烧毁，结果却是将顶替乙值班的丙烧死。

关于本案，按照法定符合说，客观上甲杀人，主观上有杀人故意，在故意杀人罪范围内主客观一致，甲成立故意杀人罪既遂（直接故意）。按照具体符合说，客观上甲针对眼前这个特定的人实施了杀人行为，主观上也有杀死眼前这个特定的人的故意，在杀死眼前这个特定的人的事实范围内，甲的行为主客观一致，甲成立故意杀人罪既遂（直接故意）。换言之，无论按照法定符合说还是具体符合说，甲对丙都成立故意杀人罪既遂，而对乙不成立犯罪，因为甲对乙不存在犯罪行为。

（四）具体事实认识错误中的打击错误

1. 打击错误

又称方法错误，是指由于行为本身的差误，导致行为人所欲攻击的对象与实际受害的对象不一致的情况，但这种不一致仍然没有超出同一犯罪构成。打击错误在本质上属于结果错误，即发生了行为人之前并无认识的其他结果。

2. 处理结论

在打击错误（方法错误）中，按照法定符合说与具体符合说，行为人对其他危害结果是否具有犯罪故意，存在不同结论。

【观点展示】甲举枪射击乙，打中了乙及其附近的丙，导致乙、丙二人死亡；或者甲仅打死了丙，而未打中乙。

关于本案，甲对乙的死亡（或者死亡的危险）不存在事实认识错误，故甲对乙总是成立故意杀人罪既遂（或者未遂）。甲打死丙属于方法错误。因为具体符合说重视法益主体的区别，要求故意的认识内容包括对具体的法益主体的认识，故本案中的客观事实与甲的主观认识没有形成具体的符合，甲对丙的死亡成立过失致人死亡罪，与针对乙的故意杀人罪既遂（或者未遂）成立想象竞合犯。因为法定符合说重视法益的性质，并不重视法益主体的区别。本案中甲客观上杀死了丙，主观上具有杀人故意，二者在故意杀人罪的犯罪构成内完全一致，故该错误不影响故意杀人罪既遂（或者未遂）的成立；其中数故意说（通说）主张对乙、丙的死亡都存在故意，都成立故意杀人罪，属于想象竞合犯；但是，一故意说主张对乙成立故意杀人罪既遂（或者未遂），对丙成立过失致人死亡罪，属于想象竞合犯。

（五）具体事实认识错误中的事前故意

1. 事前故意

即行为人误认为第一个行为已经造成危害结果（如死亡），出于其他目的实施了第二个行为，但实际上是第二个行为才导致预期的结果发生的情况。

2. 典型案例

甲以杀人故意对乙实施了杀人行为（第一行为），误以为乙已死亡，遂实施了毁尸灭迹的行为（第二行为），证据表明，乙死于毁尸灭迹行为。

3. 处理原则

判断焦点在于第一行为与死亡结果是否存在因果关系。

（1）肯定说认为，如果认为存在因果关系，则该情形属于因果关系错误，不影响故意犯罪的成立，甲成立故意犯罪既遂一罪。

（2）否定说认为，如果认为不存在因果关系，则第一行为成立故意杀人罪未遂，第二行为成立过失致人死亡罪。有的主张择一重罪处罚，有的主张数罪并罚。

【观点展示】甲以杀人故意对乙实施打击（第一行为），造成乙休克之后，甲以为乙已经死亡，为了毁灭罪证，将乙扔到水里（掩埋、碎尸或者扔下悬崖等等，即第二行为），实际上乙是死于后一行为（第二行为）。

观点一认为，甲的第一行为与死亡之间不存在因果关系，故甲的第一行为成立故意杀人罪未遂，第二行为成立过失致人死亡罪。有人认为成立想象竞合犯，有人主张成立数罪。这种观点尊重了案件客观事实，但违反了社会的一般观念：行为人以杀人的故意杀害了所要杀害的人，却成立杀人未遂。

观点二认为，将甲的前后两个行为视为一个行为，将支配行为的故意视为概括的故意，故只成立一个故意杀人罪既遂。这种观点的处理结论合理，但有歪曲事实的嫌疑。

观点三认为，类似案件分两种情形：如果甲在实施第二行为之际，对于死亡持未必的故意（或间接故意），则整体上成立一个故意杀人罪既遂；如果在实施第二行为之际，相信死亡结果已经发生，则成立故意杀人罪未遂与过失致人死亡罪。该观点存在疑问：客观事实完全相同，只因行为人是否误信结果发生，就决定是否将行为分割为两个行为，缺乏理由。

观点四认为，甲造成乙休克的行为具有导致乙死亡的可能性，属于杀人的实行行为；杀人后毁尸灭迹的行为具有通常性，不属于异常的介入因素。甲的第一行为与死亡结果之间具有因果关系，只是客观的因果发展进程与行为人预想的因果进程不一样，这属于因果关系错误。而因果关系错误不影响故意的认定，即现实发生的结果与行为人意欲实现的结果完全一致，故应以故意杀人罪既遂论处。

（六）具体事实认识错误中的犯罪构成的提前实现

1. 犯罪构成的提前实现

行为人本想第二行为导致危害结果，但第一行为却导致了危害结果，即提前实现了行为人所预想的结果。

2. 典型案例

甲想杀害身材高大的乙，打算先用安眠药使乙昏迷（第一行为），然后勒乙的脖子（第二行为）致其窒息死亡。由于甲投放的安眠药较多，乙吞服安眠药后死亡。

3. 处理原则

判断焦点在于第一行为能不能评价为着手实行犯罪的行为。

（1）肯定说认为，如果认为第一行为属于故意着手实行犯罪的行为，则第一行为与死亡结果存在刑法上的因果关系，行为人存在因果关系错误，不影响犯罪故意的认定，行为人成立故意犯罪既遂。

（2）否定说认为，如果认为第一行为不属于故意着手实行犯罪的行为，则第一行为成立故意犯罪预备；同时该行为致使被害人死亡，但行为人并未认识到其行为致使被害人死亡的事实，由于行为人对此存在过失，故成立过失致人死亡罪，与故意杀人罪预备属于想象竞合犯。

（七）目的犯

1. 短缩的二行为犯

行为人实施符合构成要件的行为后，还需要行为人或第三者实施其他行为才能实现的目的，而且不要求行为人自己具有确定的目的，只要为人知道或许有人实施实现目的的行为就足矣。

2. 主观的超过要素

在这种目的犯中，目的实现与否，既不影响犯罪的成立，也不影响犯罪既遂的认定，即这种目的犯的既遂与未遂，应以第一个行为的结果发生与否为标准。如绑架罪中“以勒索财物为目的”，就属于这种情形。

（八）间歇性精神病人的刑事责任

1. 如果行为人在精神正常的情况下实行行为终了，但在结果发生时丧失责任能力的，行为人应当承担既遂的责任。

2. 如果实行行为尚未终了，行为人在实施后半部分行为时精神病发作，只要开始实施实行行为时具有责任能力，并对全部实行行为及其结果具有故意、过失，丧失责任能力后所实现的是同一构成要件，而且结果应当归属于行为人的行为，即使结果是在其丧失责任能力的情况下发生，行为人也应当承当既遂的责任，而不能认定为未遂。

3. 如果行为人开始实施实行行为时具有责任能力且具有故意、过失，丧失了责任能力后随之实现的是其他构成要件的行为，并由后一行为导致结果发生的，则根据案情，行为人仅对前一行为承担未遂或者既遂的责任。

（九）行为与责任同时存在原则与原因自由行为

1. 行为与责任同时存在原则

罪过心理、目的与动机、责任能力必须存在于行为时，即行为人只对在具有责任能力的状态下所实施的行为及其结果承担责任，不能追究其丧失责任能力状态下所实施的行为及其结果的责任。

2. 原因自由行为

具有责任能力的行为人，故意或者过失使自己一时陷入丧失或者尚未完全丧失责任能力的状态（原因行为），并在该状态下实施了符合构成要件的违法行为（结果行为）。

（1）在行为人起先没有实施暴行等结果行为的意思，但由于饮酒等原因行为而产生了该意思时，由于如果没有原因行为就没有结果行为，故可以肯定原因行为与结果之间存在因果关系。

（2）在行为人事先就有实施结果行为的意思，出于鼓起勇气等动机而饮酒导致丧失责任能力，进而在该状态下实施了结果行为时，可以肯定原因行为与结果之间的因果关系。

（3）在故意的原因自由行为的场合，要使行为人对结果承担责任，要求其结果行为实现了故意内容，即要求原因行为时的故意支配了结果行为。如果原因自由行为的认识错误发生在同一构成要件内的，不影响犯罪既遂的认定。

（十）相对负刑事责任年龄

1. 已满14周岁不满16周岁的人，犯故意杀人、故意伤害致人重伤或者死亡、强奸、抢劫、贩卖毒品、放火、爆炸、投毒罪（投放危险物质罪）的，应当负刑事责任。

2. 这八种犯罪，是指具体犯罪行为，而不是具体的罪名，即已满14周岁不满16周岁的人所实施的某种行为在法律评价上或者事实判断上包括了上述八种犯罪行为时，就应当根据触犯的具体罪名追究刑事责任。

五、故意犯罪形态

（一）犯罪未遂与预备、既遂、中止的区分

1. 未遂与预备

判断焦点在于行为人是否“着手”实行犯罪，即是否实施刑法分则规定的、具有法益侵犯紧迫危险的行为。如果行为尚未着手，绝对不可能是故意犯罪的既遂或者未遂；根据行为人没能着手的原因，分别认定犯罪预备（意志以外的原因）与犯罪中止（意志以内的原因）。如果行为已经着手，绝不可能成立犯罪预备。

2. 未遂与既遂

判断焦点是犯罪是否“未得逞”，即实行行为的逻辑结果、行为人希望或者放任的危害结果是否发生。如果实行行为实现了危害结果，二者之间具有刑法上的因果关系，则犯罪得逞，属于犯罪既遂；如果实行行为并未实现犯罪结果，或者二者之间不具有刑法上的因果关系，则绝不可能成立犯罪既遂。

（1）行为人所追求、放任的结果应限定于实行行为的性质本身所能导致的构成要件结果（行为的逻辑结果），而非任何结果。

（2）在侵害结果必须经由特定因果发展进程而造成的犯罪中，如果结果并非经由特定因果发展进程而造成，属于“未得逞”。

（3）未得逞是指行为人希望、放任发生的危害结果没有发生，即故意的意志因素没有实现，不包括没有实现刑法分则“以……目的”的情况，即不包括没有实现目的犯中的目的的情况。目的犯中的目的是否实现，原则上不影响犯罪既遂的成立。

（4）抽象的危险犯与具体的危险犯的既遂标准，也要求发生特定的侵害结果。

3. 未遂与中止

判断焦点在于犯罪未得逞的原因是意志以外的原因还是意志以内的原因。如果未得逞的原因是意志以内的原因，则属于犯罪中止；如果未得逞的原因是意志以外的原因，则属于犯罪未遂。无论客观上是否能够继续实施犯罪或者达到既遂，只要行为人自认为还能继续实施犯罪或者达到既遂，但自愿放弃犯罪或者防止结果发生的，就属于“意志以内的原因”（以主观说为基础）；否则，就是“意志以外的原因”。

（二）法定刑升格条件的犯罪形态

1. 一般原则

故意犯罪的结果加重犯、加重构成要件、结合犯存在未遂、中止问题，即适用加重情形的法定刑，同时适用未遂或者中止的处罚规定。但对于量刑规则，刑法理论认为不存在未遂问题，只存在符合与不符合的问题。

2. “数额巨大”“数额特别巨大”

对于刑法规定“数额巨大”“数额特别巨大”作为法定刑升格条件的情形，是否存在未遂问题，有不同观点。

（1）观点一，司法解释认为数额巨大、数额特别巨大的情形属于加重构成要件，存在未遂问题；如果既有未遂、又有既遂的，适用想象竞合的原理，择一重情形论处。

（2）观点二，刑法理论认为数额巨大、数额特别巨大的情形属于量刑规则，只有符合与否的问题，不存在未遂问题，故应以实际侵犯的数额认定犯罪形态。

【观点展示】甲实施欺骗行为，意图诈骗他人财物60万元，但仅骗取了2万元。如果认为诈骗“数额特别巨大”属于量刑规则，则甲不属于诈骗数额特别巨大的未遂，而仅成立普通诈骗罪既遂（数额2万元）；如果认为诈骗“数额特别巨大”属于加重构成要件（司法解释），则甲成立诈骗数额特别巨大的未遂，即适用加重情节的法定刑，同时适用未遂的规定，而诈骗2万元的事实成立诈骗罪数额较大情形的既遂，按照想象竞合犯的原则择一重情形论处。

（三）不能犯与未遂犯的区分

1. 不能犯

主观上存在犯意，但客观上不可能侵犯法益的行为。包括对象不能犯（甲在荒郊野外误将枯枝当作仇人开枪射杀的）与手段不能犯（甲以杀人故意误将营养粉当作毒药投进乙的饮料中的）。

2. 不能犯与未遂犯的区别

不能犯没有导致法益侵犯的危险，即没有法益侵犯性，不可能成立犯罪；未遂犯属于具体的危险犯，具有法益侵犯性，可能成立犯罪。

3. 观点介绍

（1）**抽象的危险说**。即传统理论认为，行为人误认为自己的手段可能产生侵害结果，事实上其手段不可能产生侵害结果时，成立未遂犯；行为人误认为犯罪客体存在，以致实施了危险行为的，成立未遂犯。

（2）**具体的危险说（新客观说）**。即行为无价值论认为，对一个仅仅因为碰巧而没有导致结果发生的行为，如果能够假定在其他时空条件重演，结果发生的几率很大，法益被侵害的危险性极大，应该成立未遂犯，而不是不能犯。

（3）**修正的客观危险说**。即结果无价值论认为，当行为人主观上具有故意，客观上实施的行为具有侵害法益的紧迫危险时，才能认定为犯罪未遂；行为人主观上具有犯意，其客观行为没有侵害法益的任何危险时，就应认定为不可罚的不能犯，不以犯罪论处（如果具有侵犯其他法益的可能性，则可能成立其他犯罪）。

【观点展示】甲用力推乙（4岁），导致乙倒地，头部刚好碰在一块石头上，流出鲜血，并一动不动。甲认为乙已经死亡，将其置于偏僻处，离开时发现乙动了一下，以为乙没死，遂用石头猛砸乙的头部，之后用一块大石压在乙的身上后离去。事后法医鉴定表明，甲在用石头砸乙之前，乙已经死亡。对于本案中甲用石头砸乙的行为，按照抽象危险说，甲成立故意杀人罪未遂；按照具体危险说，甲以为乙是活人，一般人也认为乙是活人，甲成立故意杀人罪未遂；按照修正的客观危险说，乙已经死亡，甲的行为在客观上没有致人死亡的任何可能性，属于不能犯，不成立故意杀人罪。

（四）犯罪中止的成立条件

1. 中止的时间性

犯罪中止既可以发生在预备阶段，也可以发生在实行阶段，还可以发生在实行行为结束之后但在既遂之前。犯罪既遂后自动恢复原状的，不成立犯罪中止；成立犯罪预备与未遂后，也不可能有犯罪中止。

2. 中止的自动性

自动放弃犯罪或者自动有效地防止犯罪结果的发生。

（1）首先采取限定主观说进行判断，即行为人基于悔悟、同情等对自己的行为持否定评价的规范意识、感情或者动机而放弃犯罪的，表明行为人回到了合法性轨道，具有自动性。

（2）在根据限定主观说得出了否定结论时，再根据主观说，采用弗兰克公式进行判断。即只要行为人认为可能既遂而不愿达到既遂的，即使客观上不可能既遂，也是中止（不能犯除外）；反之，只要行为人认为不可能既遂而放弃的，即使客观上可能既遂，也是未遂。

（3）在根据主观说得出的结论不符合犯罪中止的法律性质（减免处罚的根据），或者难以得出合理结论时，再以客观说为标准进行判断。

注意：

第一，基于惊愕、恐惧、嫌恶之情而放弃犯行的，具有自动性。但是，如果因嫌弃、厌恶之情压制了行为意志，导致其被迫放弃犯罪，则宜认定为犯罪未遂。

第二，担心被当场发觉而使自己名誉受到损害，担心日后被告发、逮捕与受处罚而放弃犯罪行为的，具有自动性。如果担心被当场发觉而不可能继续实施犯罪的，或者担心被当场逮捕而放弃犯罪行为的，不具有自动性。

第三，基于目的物的障碍而放弃犯罪行为，不具有自动性。同理，因缺乏期待利益而放弃犯罪行为的，不具有自动性。

第四，即使已经实现构成要件外的目标而放弃犯罪行为，只要行为人还可以继续实施行为而放弃的，可以认定自动性。但因不能满足特定倾向而放弃犯罪行为的，不具有自动性。

3. 中止的客观性

（1）犯罪行为尚未终了的中止。在犯罪预备阶段或者实行行为尚未终了，只要不继续实施行为就不会发生犯罪结果的情况下，中止行为表现为放弃继续实施犯罪行为。

第一，在这种情况下，行为人必须是真实地放弃犯罪行为，而不是等待时机继续实施该行为。

第二，如果行为人自动放弃可重复侵害行为的，是犯罪中止。

第三，在因果关系发展的短暂进程中，行为人一度误以为或者估计已经既遂，但在能够继续实施犯罪行为的情况下放弃犯罪或者自动有效防止犯罪结果发生的，也是犯罪中止。

（2）犯罪行为终了的中止。在犯罪行为实行终了、不采取有效措施就会发生犯罪结果时，中止行为表现为采取积极措施有效地防止犯罪结果发生。在这种情况下，中止行为必须是一种足以避免结果发生的、真挚的努力行为，但不以行为人单独实施为必要；没有做出真挚努力的，不成立中止。

【观点展示】甲以杀人故意向乙投放毒药后，心生悔意，立即拨打120急救电话。但邻居丙在救护车到来之前将乙送往医院，乙经抢救脱险。如果救护车一小时内赶到，而且能够将乙送往医院抢救脱险的，则甲的行为属于中止行为，成立故意杀人罪中止；如果救护车一直没有到达或者即使等救护车到达乙的生命也得不到救助的，即使乙因丙的救助而未死亡，也应认定甲的行为成立故意杀人罪未遂。

4. 中止的有效性

成立中止，必须没有导致行为人原本所希望或者放任的、行为性质所决定的犯罪结果（侵害结果）；否则，应当成立犯罪既遂。

（1）行为原本实行终了但行为人误认为没有实行终了，只是单纯放弃犯行而没有防止结果发生的，应当认定犯罪既遂。

（2）行为人为防止犯罪结果的发生做出了积极努力，但其行为本身偶然不能使犯罪结果发生或者由于他人行为防止了犯罪结果发生时，也成立中止犯。即不要求中止行为与结果没有发生之间必须存在因果关系。

（3）行为人实施甲犯罪行为，随之实施了足以防止甲犯罪结果发生的乙行为，但乙行为独立导致了甲犯罪的侵害结果，如果应将侵害结果归属于乙行为，则甲犯罪成立中止犯；如果应将侵害结果归属于甲行为，则甲犯罪成立既遂犯。

【观点展示】甲以杀人故意实施了杀人行为，甲随后开车将被害人乙送往医院治疗，由于甲违章驾驶发生交通事故，致使乙当场死亡。事后证明，甲将乙送往医院抢救的行为完全可能将乙救活。如果认为甲的杀人行为与乙的死亡之间存在刑法上的因果关系，则甲成立故意杀人罪既遂一罪；因违章行为未导致严重的交通事故，不成立犯罪。如果认为甲的杀人行为与死亡结果之间不存在刑法上的因果关系，而应将死亡结果归属于甲的违章行为的话，则甲成立故意杀人罪中止与交通肇事罪，应当数罪并罚。

（五）中止犯的处罚原则

对于中止犯，没有造成损害的，应当免除处罚；造成损害的，应当减轻处罚。

1. 损害

“造成损害”中的“损害”，仅限于行为造成的刑法规范禁止的侵害结果，包括物质性结果与非物质性结果，但不包括行为造成的抽象或者具体危险；仅限于对他人（包括被害人及其亲属、无关的第三者）造成的损害，但不包括对自己造成的损害；必须是能够主观归责的结果，而不包括意外造成的结果。

2. 原因

“造成损害”的行为只能是着手实行行为，而非中止行为；中止行为或者中止过程中的行为造成了损害，构成其他犯罪的，应数罪并罚。

六、共同犯罪

（一）共犯的成立条件

共同犯罪是指二人以上共同故意犯罪。

1. 主客观相统一的共犯理论

（1）“二人以上”，而且要求达到刑事法定年龄、具有刑事责任能力的人（包括自然人和单位）。

（2）“共同的犯罪行为”，即共犯人的行为指向同一犯罪，相互联系、相互配合，形成一个犯罪整体。

（3）“共同的犯罪故意”，即共犯人具有相同的犯罪故意，而且具有犯意联络和沟通。

2. 违法层面的共犯理论

（1）共同犯罪的立法与理论只是解决违法层面的问题，即将违法事实归属于哪些参与人的行为，而非解决责任层面的问题。

（2）成立共同犯罪，无论各参与者能否承担责任，只要参与人的行为与结果之间具有物理的因果性或者心理的因果性，即使查明侵害结果由其中一人直接造成，或者不能查明具体的结果由谁的行为直接造成，也要将法益侵害结果归属于各参与者的行为。

（3）成立共犯与故意内容、罪名是否一致无关。即成立共同犯罪，不需要共同犯罪人具有相同的犯罪故意，也不需要成立相同的罪名。

（4）共犯的成立与是否具有责任阻却事由无关。成立共犯与共犯人是否具有刑事责任能力、是否达到刑事法定年龄、是否具有期待可能性以及是否具有不可避免的违法性认识错误等责任要素无关，有责任能力者与无责任能力者可以成立共犯。

【观点展示】甲、乙共谋“报复丙”，共同对丙实施暴力，导致丙死亡。事后查明，甲具有杀人的故意，乙仅具有伤害的故意。尸检报告表明，丙身上仅有一处致命伤，查不清楚是甲的行为还是乙的行为所致。

按照主客观相统一的共犯理论，甲、乙虽然都符合主体条件，共同实施了犯罪行为，但二者的故意内容不同，各自触犯的罪名不同，故很难认定二人成立共犯；如果因为甲、乙故意内容不同而不认定共犯，就应适用存疑时有利于行为人的原则，则丙的死亡结果不能归属于任何人。该观点明显不妥当。

按照违法层面的共犯理论，甲、乙实现了符合构成要件并且违法的行为（即共同致使丙死亡的行为），甲、乙属于正犯，其行为与丙的死亡存在因果关系，故甲、乙成立共犯，应将致使丙死亡的违法事实归属于甲、乙二人。按照有责性内容，甲具有杀人故意，不具有责任阻却事由，故甲成立故意杀人罪既遂；乙仅有伤害故意，不具有责任阻却事由，乙成立故意伤害罪，因其对死亡存在过失，故乙成立故意伤害致死的结果加重犯。该观点具有合理性。

【观点展示】15 周岁的乙谎报年龄而被“正式”录用为警察，在办案过程中，与不具有司法人员身份的联防队员甲共同使用暴力逼取证人证言。

按照主客观相统一的共犯理论，由于乙没有达到法定年龄，即存在责任阻却事由，故甲、乙不成立共犯，不能将违法事实归属于甲，甲不成立暴力取证罪；此外，甲既无间接正犯的故意，更无间接正犯的行为，故不成立间接正犯。

按照违法层面的共犯理论，甲、乙共同实现了符合构成要件且违法的暴力取证行为，存在乙的正犯行为，甲、乙共同为违法事实的实现提供了因果联系，在不法层面甲、乙成立共犯，应将违法事实归属于甲、乙。由于责任具有个别性，应当具体判断，乙没有达到法定年龄，不负刑事责任，而甲虽然不具有司法工作人员的身份，不可能成立暴力取证罪的正犯，但成立暴力取证罪的帮助犯。

3. 共同犯罪与犯罪构成的关系

刑法理论上存在三种观点：完全犯罪共同说、部分犯罪共同说与行为共同说。

（1）完全犯罪共同说认为，二人以上只能就完全相同的犯罪成立共同犯罪。

（2）部分犯罪共同说认为，二人以上虽然共同实施了不同的犯罪，但当这些不同的犯罪之间具有重合的性质时，则在重合的限度内成立共犯。在成立共犯的前提下，存在分别定罪的可能性。

（3）行为共同说（事实共同说）认为，共同犯罪是指数人共同实施了违法的构成要件该当的行为（非前构成要件的或前法律的自然行为），而不是共同实施特定的犯罪。换言之，各人以共同行为实施各人的犯罪时也成立共同正犯。即在“行为”方面，只要行为在构成要件上具有共同性就可以成立共同犯罪，不要求共同实施特定的犯罪行为；在“意思联络”方面，只要就实施行为具有意思联络就可以成立共同犯罪，不要求数人必须具有共同实现犯罪的意思联络。

【观点展示】甲、乙共谋要“狠狠教训一下”他们共同的仇人丙，但乙暗藏杀人之心。到丙家后，甲、乙进屋打丙。但当时只有丙的好友丁在家，甲、乙误把体貌特征和丙极为相似的丁当作是丙进行殴打，导致丁因伤重抢救无效而死亡。事后尸检表明，丁身上只有一处致命伤，但查不清是谁导致丁死亡。

本案存在对象错误，无论按照具体符合说还是法定符合说，甲、乙仅对丁成立故意犯罪，对丙不成立犯罪。按照完全犯罪共同说中的少数说，甲、乙由于犯意不同，不成立共犯；按照多数说，甲、乙均成立故意杀人罪，成立故意杀人罪的共犯，但对甲应以故意伤害罪的法定刑处罚。这种观点现在被认为错误。按照部分犯罪共同说，甲、乙成立故意伤害罪的共犯，对故意伤害行为导致的死亡结果都要承担刑事责任，但甲成立故意伤害（致死）罪，乙成立故意杀人罪既遂。按照行为共同说，甲、乙共同有意识地实施了违法层面的行为，具有共犯关系，应将危害结果归属于甲、乙，再根据其责任内容分别定罪处罚。

如果认为甲、乙二人不成立共犯，按照存疑时有利于行为人的原则，不能将丁的死亡结果归属于甲或者乙，甲、乙对死亡结果都不能负刑事责任。当然，无论甲、乙二人是否成立共犯，甲总是成立故意伤害罪，乙总是成立故意杀人罪。但是，共同犯罪理论不解决责任问题，也不解决定罪问题，仅仅解决将违法行为归属于共犯人的问题。只要认定甲、乙成立共犯关系，甲、乙的行为与丁的死亡之间均存在因果关系。

（二）共同正犯

1. 成立条件

共同正犯的成立，要求客观上有共同行为的事实（行为的分担），主观上有共同的行为意思（意思的联络）。

2. 部分实行全部责任

“部分实行”，不是指形式上部分地实施了构成要件行为，而是指实质上对构成要件的实现起到了重要或者关键作用；“全部责任”，既不是指主观责任，也不是指作为法律后果的刑事责任，而是指对结果的客观归属，即即使共同正犯人只实施了部分行为，也要将全部结果归属于其行为。

(1) 甲、乙二人共同故意杀害丙，甲射出的子弹打死了丙，甲、乙成立共同正犯，都成立故意杀人罪（既遂）。

(2) 甲、乙基于意思联络同时向丙开枪，都没有击中要害部位，但由于两个伤口同时出血，导致丙失血过多死亡的，甲、乙成立共同正犯，都成立故意杀人罪既遂。

(3) 甲、乙二人共同故意伤害丙，不知道谁的行为导致了丙重伤（或者死亡），甲、乙成立共同正犯，都成立故意伤害罪重伤（或者死亡）。

(4) 甲、乙共同故意对丙实施暴力，导致丙死亡，但仅有一个致命伤，查不清是谁导致，而且事后发现甲持杀人故意、乙持伤害故意。甲、乙成立共同正犯（行为共同说），或者在故意伤害罪的范围内成立共犯（部分犯罪共同说），甲成立故意杀人罪既遂，乙成立故意伤害（致死）罪。

比较同时正犯的情形。甲、乙没有共谋同时向丙开枪，其中一发子弹导致丙死亡，但查不清是谁射出的子弹。本案属于同时正犯，甲、乙不成立共犯。由于查不清是谁导致了丙死亡，按照存疑时有利于行为人的原则，不能将死亡归属于甲、乙的行为，甲、乙仅成立故意杀人罪未遂。

3. 区别对待、罪责自负

各共犯人只能在自己有责的范围内对共同造成的违法事实承担责任，对他人超出共同故意实行的犯罪不承担责任（实行过限）。

4. 违法的相对性

如果能够确定有的行为人的行为与危害结果的发生没有

因果联系，则不能将该结果归属于该行为人；或者对有的行为人而言，客观上存在阻却违法性的事由，也不能将该违法事实归属于该行为人。

【观点展示】逃犯甲、乙、丙共同计划，如果有人追捕就开枪射击。在夜间逃亡过程中，逃犯甲错将同案犯丙当作追捕者，以杀人故意向其射击，丙身受重伤。

观点一认为，甲、乙、丙成立共同正犯，都应当成立故意杀人罪未遂。但该观点认为丙对自己成立故意杀人罪未遂，实属欠妥。

观点二认为，丙的生命虽然是甲、乙不得侵犯的法益，但不是丙不得侵害的利益（即使认为自杀违法，但自杀者也不可能承担任何法律后果）。因此，虽然丙与甲、乙的共谋行为和丙的生命危险之间具有心理的因果性，但由于丙对自己的生命危险阻却了违法性，故在不法层面，只有甲、乙承担故意杀人罪未遂的刑事责任，而丙最多成立针对追捕者的故意杀人罪预备的刑事责任。当然，如果甲的射击行为对追捕者产生了生命危险，则丙为此要承担故意杀人罪未遂的刑事责任。如果甲打死追捕者，甲、乙、丙成立共同正犯，都是故意杀人罪既遂，因为相对于甲、乙、丙而言，其他任何人的生命都是其不得侵犯的法益。

（三）间接正犯

1. 概念

行为人通过强制或者欺骗手段支配直接实施者，从而支配构成要件实现。间接正犯的认定，是为了解决幕后操纵者虽然没有直接实施犯罪事实，但因其支配了犯罪事实，故也应当认定为正犯的问题。间接正犯必须对被利用者所造成的法益侵害结果承担责任。利用者与被利用者完全可能成立共犯，当然，双方可能成立不同罪名。

2. 类型

（1）被利用者欠缺构成要件要素。被利用者实施行为，但欠缺构成要件符合性的要素（如身份），利用者可能成立间接正犯。真正的身份犯要求正犯具有特定身份，故有身份者利用无身份者实施真正身份犯行为的，如果利用者没有参与实施支配构成要件实现的行为，则属于间接正犯；如果利用者参与实施了支配法益侵害事实的行为，则属于直接正犯。

（2）被利用者具有违法阻却事由。包括利用他人的合法行为与利用被害人的自我侵害行为。当利用者使被害人丧失自由意志，或者使被害人对结果缺乏认识或产生其他法益关系的错误，导致被害人实施了损害自己法益的行为时，由于不能认定被害人对自己的法益侵害具有违法性，故应认定利用者成立间接正犯。

（3）利用欠缺故意的行为。

①利用缺乏故意的行为，属于利用不知情者的间接正犯。在这种情形中，被利用者对任何一个构成要件要素缺乏认识时，利用者都可能成立间接正犯。但在选择性要素的场合，由于各种要素具有等价性，利用者对被利用者实施欺骗行为的，不成立间接正犯。

②被利用者虽然具有其他犯罪的故意，但缺乏利用者所具有的故意时，利用者可能成立间接正犯。

③如果行为人对加重犯中的加重要素必须要求故意时，被利用者对加重要素缺乏故意，则利用者可能成立加重犯的

间接正犯。

④在真正的身份犯中，一般人故意利用有身份的不知情者实施违法行为的，被利用者因没有故意而不成立该故意犯罪，利用者不能成立间接正犯，但可能成立教唆犯，因为真正身份犯中的身份是对正犯（包括间接正犯）所作的要求。

例如，普通公民甲欺骗国家工作人员乙，声称需要现金购买住房，10天内可以归还。乙将公款挪用给甲，甲却用于贩卖毒品，并在10天内将公款归还。如果乙明知甲借用公款贩卖毒品，则乙成立挪用公款罪（甲、乙成立共犯）；如果乙不知道甲借用公款贩卖毒品，则乙缺乏故意，不成立挪用公款罪，但甲不成立挪用公款罪的间接正犯，而是教唆犯（乙客观上实施了挪用公款的违法行为）。

（4）利用欠缺目的的行为。在目的犯中，目的属于责任要素，缺乏该目的的行为不构成目的犯；行为人利用他人实现该目的犯的行为，即使被利用者有故意，但只要缺乏特定目的，利用者就该目的犯成立间接正犯。

（5）利用他人具有责任阻却事由的行为。利用无责任能力者实施违法行为的，无责任能力者缺乏辨认、控制能力，故只能将结果归责于背后的利用者，即应肯定利用者的行为支配了犯罪事实。达到法定年龄的人与未达到法定年龄的人共同犯罪时，达到法定年龄的人不一定成立间接正犯，只有当其支配了犯罪事实时，才可能被认定为间接正犯。利用他人不可避免的违法性错误与利用他人缺乏期待可能性的行为，成立间接正犯。

例如，甲令12周岁的乙进入某办公楼窃取财物，乙正欲进入办公楼时，遇到了13周岁的丙，二人合意后进入办公楼共同盗窃，乙窃取了笔记本电脑（价值1万元），丙窃取了一部手机（价值5000元）。由于共同犯罪是违法形态，故乙、丙在不法层面构成共同正犯；由于共同正犯采取部分实行全部责任原则，故应将被害人价值1.5万元的财产损失分别归属于乙、丙的行为；无论认定甲对乙成立间接正犯还是教唆犯，甲都应当对被利用者乙的法益侵害结果承担责任，故甲犯盗窃罪的数额为1.5万元，而非1万元。

（四）教唆犯与帮助犯

1. 共犯从属性说

（1）教唆犯或者帮助犯的处罚根据是共犯通过正犯行为间接地侵害了法益，即共犯诱使、促成了正犯实施符合构成要件的法益侵害行为。

（2）正犯必须实施了符合构成要件的违法行为，否则，不能处罚教唆者与帮助者。

（3）如果正犯侵犯的法益，不是教唆者、帮助者必须保护的法益（共犯具有违法阻却事由），则正犯成立犯罪，教唆者、帮助者不成立犯罪。

例如，甲女教唆乙男强奸丙女，但乙男误将甲女当作丙女强奸。乙男客观上实施了强奸既遂行为，主观上存在具体事实认识错误中的对象错误，无论按照法定符合说还是具体符合说，不影响强奸罪故意的认定，成立强奸罪既遂。甲女虽然引起了乙男强奸既遂的违法事实，但针对乙男侵犯的甲女的利益，并非甲女必须保护的法益，故甲女不成立乙男强奸甲女的违法行为的教唆犯，甲女仅成立引起乙男实施强奸丙女的犯罪预备的教唆犯。

与此相反，**共犯独立性说**认为，共犯的可罚性在于共犯的行为本身，共犯成立犯罪不一定要求正犯者着手实行犯罪。

2. 教唆犯

（1）教唆对象。教唆对象必须特定，否则属于煽动。

第一，在被教唆者已经产生犯罪决意的情况下，不可能再成立教唆，只能成立帮助犯。

第二，如果他人有基本犯罪的故意，行为人唆使他人实施加重构成要件行为的，成立加重犯的教唆犯；如果他人有基本犯罪的故意，行为人唆使他人实施量刑规则的情形，则成立帮助犯。

第三，行为人说服或者建议已决意实施加重犯罪的人实施了基本犯罪的，行为人不成立教唆犯，可能成立帮助犯。

第四，行为人唆使打算将来实施犯罪的人立即实施犯罪的，成立教唆犯。

第五，如果他人具有附条件的故意，原本不具备该条件，但行为人制造条件或者谎称具备条件，使他人故意实现构成要件的，成立附条件的教唆犯。

第六，是否要求教唆对象达到刑事法定年龄、具有责任能力，存在不同观点。极端从属性说认为，共犯的成立以正犯具备构成要件符合性、违法性与有责性为条件，故教唆对象必须是有责任能力的人。限制从属性说认为，共犯的成立以正犯实施符合构成要件的违法行为为条件，不以正犯具备有责性为前提，故教唆对象可以是无责任能力的人，但必须是有一定规范意识的人，否则成立间接正犯。这是刑法理论界的通说。

【观点展示】甲唆使15周岁的警察乙（因篡改年龄而成为警察）刑讯逼供，乙接受教唆后实施了刑讯逼供行为。

按照极端从属性说，由于乙没有责任，甲不成立刑讯逼供罪的教唆犯；甲又缺乏司法工作人员的身份，不成立刑讯逼供罪的间接正犯，其结局是甲无罪。按照限制从属性说，具有规范意识的乙实施了刑讯逼供的违法行为，故甲成立刑讯逼供罪的教唆犯，而非间接正犯，其中乙只是未达到法定年龄，不负刑事责任而已。

（2）教唆行为。教唆行为必须引起他人实施符合构成要件的违法行为的意思（不等于犯罪故意），进而使之实行犯罪。故意唆使他人实施过失犯罪的，成立间接正犯。

共犯的成立是否要求共犯对正犯故意具有从属性，即教唆犯的成立是否要求正犯必须具有犯罪故意，刑法理论存在不同观点。观点一认为，只有当被教唆者因为受教唆产生了实行犯罪的故意，并且着手实行犯罪，教唆者才成立教唆犯。如果被教唆者没有因为受教唆而产生故意，教唆者就不可能成立教唆犯。观点二认为，教唆犯的成立不以被教唆者产生故意为条件、帮助犯的成立也不以被帮助者具有故意为前提。因为正犯行为只是就符合客观构成要件的违法行为而言，因此，只要使他人实施了正犯行为，即使他人没有产生犯罪的故意，也具备了教唆犯的处罚根据；同样，只要使符合构成要件的正犯行为更为容易，就具备了帮助犯的处罚根据。该观点填补了处罚漏洞，维护了刑法的公平正义性，是当前我国刑法理论的通说。

【观点展示】甲为普通公民，乙为国有公司出纳（国家工作人员），二人关系密切。甲谎称购房需要首付，唆使乙将公款挪给自己使用，并谎称两周后自己的定期存款到期，即可归还。乙信以为真，便将公款 50 万元挪出交给甲。甲使用该公款贩卖毒品获利后，两周内将50万元归还给乙所在的国有公司。

按照观点一，甲的行为客观上引起了乙实施挪用公款的行为，但没有引起乙挪用公款罪的故意，即乙的行为在客观上属于挪用公款进行非法活动，但没有挪用公款进行非法活动的故意，故甲不成立挪用公款罪的教唆犯。由于甲没有国家工作人员的身份，也不能成立挪用公款罪的间接正犯。最终只能认定甲无罪。

按照观点二，乙客观上实施了挪用公款的违法行为，甲故意引起乙实施了该违法事实，甲成立挪用公款罪的教唆犯，即在真正身份犯中，有间接正犯的故意并造成了间接正犯事态，但缺乏特殊身份的人，可以认定为教唆犯。

（3）教唆故意。即教唆者具有教唆他人实施违法行为的故意（包括直接故意与间接故意）。其内容是，教唆者认识到自己的教唆行为会使被教唆人产生犯罪意图进而实施犯罪，以及被教唆人的行为会发生危害社会的结果，希望或者放任被教唆人实施犯罪行为及其危害结果的发生。显然，过失教唆不可能成立教唆犯。

相应地，教唆犯只对与自己的教唆行为具有心理因果性联系的结果承担责任。

例如，甲教唆乙杀害丙，乙在寻找丙的过程中遇见自己的情敌丁，进而杀死丁的，乙对丁的死亡承担故意杀人罪既遂的责任，属于直接正犯；甲对丁的死亡不负刑事责任，因为甲的教唆行为与丁的死亡之间不具有因果性。但是由于乙已经开始实施值得处罚的杀丙的预备行为，故甲仅对乙杀人预备的行为承担教唆犯的责任。

3. 帮助犯

帮助犯，是指帮助正犯实行犯罪的人。成立条件：帮助的行为；帮助的故意；按照共犯从属性说，要求被帮助者实行了犯罪；帮助行为起到了物理或者心理的帮助作用。

（1）帮助行为。其方式包括作为方式和不作为方式，其内容包括物理性帮助和心理性帮助（单纯帮助降低危险的行为，不成立犯罪），其时间包括预备的帮助犯与实行行为同时的帮助犯（伴随的帮助犯）以及承继的帮助犯（中途参与帮助）。注意：事后帮助行为不成立共犯；事前通谋的，成立帮助犯。

（2）共犯从属性。共犯的从属性，是指共犯对正犯的违法事实的从属性，而非对正犯故意的从属性。故只要正犯的行为是符合构成要件的违法行为，即使正犯没有故意，以帮助故意实施帮助行为者，成立帮助犯。

【观点展示】咖啡店店主甲某日突生杀害丙之念，并将有毒饮料交给店员乙保管，对乙说："如果丙下次来店时，你就将此有毒饮料递给我。"时隔多日，丙来到咖啡店，乙以帮助的故意将有毒饮料递给甲，但甲此时完全忘了饮料有毒的事情，在缺乏杀人故意的情况下将有毒饮料递给丙喝，导致丙死亡。如果坚持帮助犯的成立以帮助故意的正犯为前提，则甲无杀人故意，乙的行为无罪。如果认为乙客观上是间接正犯行为，可以评价为帮助行为，而乙主观上具有帮助的故意，故在帮助犯的限度内重合，乙成立帮助犯。如果认为帮助犯的成立不要求被帮助者一定存在犯罪故意，则乙成立故意杀人罪的帮助犯（通说）。

（3）帮助效果。只有当帮助行为从物理上或者从心理上促进、强化了正犯结果时，才能为帮助犯的处罚提供正当化的根据。帮助行为对正犯结果的物理因果性的主要表现为，正犯利用帮助造成了结果，帮助行为使正犯结果更容易发生、时间提前、范围扩大或者程度加重。帮助行为对正犯结果的心理因果性的主要表现为，强化正犯造成结果的决意、使正犯安心实施法益侵犯行为、造成法益侵害结果。

第一，未遂的教唆或者未遂的帮助。故意教唆或者帮助他人实施不可能侵犯法益的行为，属于未遂的教唆或者帮助，按照共犯从属性说，不成立犯罪。

例如，甲唆使乙将毒药投入丙的茶杯，事后发现没有毒药存在的，或者甲以为乙在犯罪而为其望风，但乙并未实施违法行为的，甲的行为属于未遂的教唆或者未遂的帮助，按照共犯从属性说，不成立犯罪。

第二，教唆未遂或者帮助未遂。教唆或者帮助他人犯罪，但他人并未实施犯罪或者实施的犯罪与教唆之罪或者帮助之罪毫无关系，属于教唆未遂或者帮助未遂，按照共犯从属性原则，不成立教唆犯或者帮助犯。

例如，甲教唆乙犯罪，但乙未听教唆，或者乙听了教唆但未实施违法行为，或者乙实施的行为不值得刑法处罚，或者乙实施的行为与教唆的行为之间没有关系的，甲属于教唆未遂。甲以帮助故意帮助乙实施犯罪，虽然乙实施了犯罪行为，但甲的帮助行为并未起到任何帮助效果的，甲属于帮助未遂。按照共犯从属性说，甲也不成立犯罪。

第三，未遂（犯）的教唆犯或者未遂（犯）的帮助犯。如果被教唆者或者被帮助者实施了相应的犯罪行为，但并未既遂的，教唆者或者帮助者引起或者帮助了未遂的违法事实，属于未遂犯的教唆犯或者帮助犯，无论按照什么学说，均成立犯罪。

例如，甲教唆乙实施杀人行为，或者帮助乙实施杀人行为，乙虽然实施了杀人行为，但并未既遂的，甲成立故意杀人罪未遂犯的教唆犯（适用《刑法》第29条第2款的规定）或者帮助犯（适用《刑法》第23条的规定）。

（4）中立帮助行为。日常生活行为完全可能承担帮助犯的刑事责任，即如果帮助者明知他人正在或者马上要实行犯罪，为其顺利进行提供帮助的，可能成立帮助犯。

4. 共犯的正犯化

（1）帮助犯的绝对正犯化。帮助犯已经被分则条文提升为正犯。例如，第107条规定的资助危害国家安全犯罪活动罪，第120条之一第1款规定的帮助恐怖活动罪。

第一，扩大处罚范围。帮助犯被正犯化后，其成立犯罪与否不再以其他正犯实施符合构成要件的不法行为为前提。

第二，提升处罚程度。帮助犯被正犯化后，其量刑不再适用刑法总则规定的从犯处理（不再适用第27条规定），而必须直接按照分则条文规定的法定刑处罚，该“帮助”行为本身不存在免除处罚的可能。

第三，共犯处罚原则。帮助犯被正犯化后，教唆他人实施该正犯行为的，成立对该正犯的教唆犯（而非帮助犯）；帮助他人实施该帮助行为的，成立对该正犯的帮助犯。

（2）帮助犯的相对正犯化。帮助犯是否被提升为正犯，需要独立判断帮助行为是否值得科处刑罚。在没有其他正犯的场合，这种帮助犯是否值得处罚，取决于该帮助行为本身是否侵害法益以及侵害的程度。例如，《刑法》第358条第

4 款规定的协助组织卖淫罪，需要结合案件事实具体分析判断是否严重扰乱社会秩序。

（3）帮助犯的量刑规则。帮助犯没有被提升为正犯，帮助犯依然是帮助犯，但刑法分则为其规定了独立的法定刑，而不再适用总则关于帮助犯（即从犯）的处罚规定的情形。例如，《刑法》第 244 条第 2 款规定的强迫劳动罪，第 284 条之一第 2 款规定的组织考试作弊罪，第 287 条之二第 1 款规定的帮助信息网络犯罪活动罪。

第一，没有扩大处罚范围。这些法条规定的行为依然是帮助行为，其成立犯罪以正犯实施了不法行为为前提。

第二，按照帮助犯的原则认定共犯。教唆他人实施这些帮助行为的，不成立教唆犯，而是帮助犯；单纯帮助他人实施这些帮助行为，对正犯结果没起作用的，不成立犯罪。

第三，提升处罚程度。如果这些帮助行为成立犯罪，不能适用总则第 27 条的规定，应直接适用刑法分则条文的规定。

第四，想象竞合，如果这些行为同时构成其他犯罪的共犯，应按照想象竞合犯，从一重罪论处。

（五）承继的共犯

1. 承继共犯

（1）承继共犯，是指先行为人已实施一部分正犯行为，后行为人以共同犯罪的意思参与正犯行为或提供帮助行为，并对正犯结果起到了重要作用或者促进正犯结果的作用的情形。

（2）除了持续犯（继续犯），犯罪既遂并且行为结束之后不可能有承继的共犯，之后提供帮助的可能成立窝藏、包庇罪，掩饰、隐瞒犯罪所得、犯罪所得收益罪等。

（3）事前通谋的，以通谋之罪的共犯论处，不再认定为妨害司法活动的犯罪。

2. 罪名确定

（1）后行为人参与的行为性质与前行为人的行为性质相同。

（2）前行为人实施了欺骗、恐吓行为之后，后行为人只是参与接受财物的，成立承继的帮助犯。

（3）前行为人实施了暴力、胁迫等行为，后行为人参与了取走财物的行为的，由于抢劫罪是一个独立的犯罪类型，后行为人参与的是抢劫行为，成立抢劫罪，根据其所起的实质作用，认定是承继的共同正犯或者承继的帮助犯。

（4）对于结合犯而言，承继者仅参与后一犯罪的，不构成结合犯，仅成立其参与的后一犯罪。

3. 结果归属

（1）承继的共犯人对先前行为人的先前行为导致的危害结果不负刑事责任，即先前行为导致的结果不能归属于之后参与犯罪的行为人。

（2）如果证明是后行为人参与后共同行为引发的结果，无论是先行为人还是后行为人导致的结果，也无论是否查清是谁导致的结果，都要归属于先前行为人与后行为人。

（3）如果查不清楚是先行为人的先前行为导致的结果还是后行为人参与后引发的结果，但能确定是其中之一引发的结果的，只能将该结果归属于先前行为人，不能归属于后行为人（后行为人不对先前行为导致的结果负责；案件事实存在疑问，应做有利于行为人的判断）。

例如，甲为抢劫丙的财物，向丙的心脏踢了一脚，乙知道真相后参与进来也向丙的心脏踢了一脚，后丙经抢救无效而死亡。本案中，甲以非法占有为目的，对丙实施了压制反抗强行取财的行为，成立抢劫罪；乙明知甲抢劫财物，以共犯意思参与抢劫行为，成立抢劫罪的承继共犯，属于承继的共犯。

（1）如果事后查明甲先前的一脚导致丙死亡，则甲对死亡结果承担责任，属于抢劫致人死亡的情形；乙作为承继的共犯，其参与行为与死亡之间没有因果性，不需对死亡结果承担责任，仅承担抢劫罪基本犯的刑事责任。

（2）如果事后查明死亡是由甲、乙共同导致的或者由乙参与犯罪后的行为导致的，则按照部分实行全部责任的原则，甲、乙的行为与死亡结果都具有因果性，对死亡结果都承担责任，成立抢劫致人死亡的情形。

（3）如果事后无法查明死亡结果是由谁导致的，则仅甲对死亡结果承担责任，因为无论是甲还是乙导致的死亡结果，按照部分实行全部责任原则，甲均应承担刑事责任，属于抢劫致人死亡的情形。但是，乙作为承继的共犯，只对自己参与后的行为导致的结果负责；而本案查不清死亡结果是甲先前行为还是乙参与之后的行为导致，按照存疑时有利于行为人的原则，乙不需对丙的死亡结果承担责任，乙仅承担抢劫罪基本的刑事责任。

（六）片面共犯

参与同一犯罪的人中，一方认识到自己是在和他人共同犯罪，而另一方没有认识到有他人和自己共同犯罪，包括片面的共同正犯、片面的教唆犯与片面的帮助犯。刑法理论普遍承认片面的帮助犯，但是否承认片面的共同正犯，还存在分歧。片面共犯仅对知情的一方适用共犯的处罚原则，对不知情的一方不适用共犯的处罚原则。

例如，乙正在举枪射击丙，为了确保丙的死亡，甲在乙的背后于乙不知情的情况下，与乙同时开枪射击。丙中弹身亡，但不能查明丙被谁击中。本案中，不能查明甲的行为与丙的死亡之间具有物理的因果性，而且乙并不知情，不能肯定甲的行为强化了乙的杀人心理，故不能肯定甲的行为与丙的死亡之间具有心理的因果性，甲不成立片面的共同正犯，不应对其适用部分实行全部责任的原则，只能认定甲成立故意杀人罪未遂，乙也仅负故意杀人罪未遂的责任。

请比较：乙以抢劫的故意正在对丙实施暴力时，知情的甲也在乙的背后举枪威胁丙（乙不知情），甲、乙二人的暴力、威胁压制了丙的反抗，丙被迫交付财物给乙。本案中，甲属于片面的共同正犯，对丙的财产损失承担抢劫罪的责任；由于乙并不知情，乙不属于共同正犯，因此，倘若甲的持枪威胁行为导致丙精神异常，乙对该结果并不承担责任。

（七）共犯与身份

1. 基本原则

真正身份犯中的身份要求仅仅针对正犯而言，对教唆犯与帮助犯不需要定罪身份，故普通主体教唆、帮助具有定罪身份的人实施以定罪身份为构成要件要素的犯罪的，以共犯论处。

2. 罪数问题

无身份者教唆、帮助有身份者实施犯罪，如果没有触犯其他犯罪，则只能按照身份犯触犯的罪名定罪量刑。有身份者与无身份者成立共犯，但有身份者成立甲罪的正犯（可能是乙罪的从犯），无身份者为乙罪的正犯（可能是甲罪的从犯），即无身份者与有身份者的共犯行为同时触犯了两个以上罪名的，应认定为较重罪的共犯。

【观点展示】出租车司机甲从乙手中购得一辆已保险的轿车，因车辆交易费过高而未在交警部门办理过户手续，也没有向保险公司申请办理变更手续。后来，甲因经济拮据产生诈骗保险金的意图。甲将车卖至外省后，欺骗原车主乙一起向公安机关、保险公司报案，骗得保险金8万元。

（1）如果将甲认定为车辆保险的受益人（将刑法上的受益人做不同于保险法上的受益人的解释），则甲的行为构成保险诈骗罪的直接正犯。

（2）如果按照保险法解释受益人（将刑法上的受益人做等同于保险法上的受益人的解释），则甲不是受益人（更非投保人与被保险人），不成立保险诈骗罪的直接正犯或者间接正犯，仅成立普通诈骗罪的直接正犯。如果甲利用不知情的原车主乙向保险公司实施了骗取保险金的行为，甲成立保险诈骗罪的教唆犯与诈骗罪的直接正犯，属于想象竞合犯。

（八）共犯与事实认识错误

1. 同一共犯形式内的错误

（1）共同正犯的认识错误。无论是具体的事实认识错误，还是抽象的事实认识错误，都应该按照法定符合说处理。

例如，甲、乙共谋杀害丙，未击中丙，却击中了丙身边的丁的，属于具体的事实认识错误中的打击错误，按照法定符合说，甲、乙成立故意杀人罪既遂的共同正犯，与针对丙的故意杀人罪未遂属于想象竞合犯。

（2）间接正犯的认识错误。即间接正犯所认识的事实与被利用者所实现的构成要件事实不一致。无论是具体的事实认识错误，还是抽象的事实认识错误，都应该按照法定符合说处理。

例如，甲将毒药交给乙让丙服用，不明真相的乙误将丁当作丙，丁服用毒药后死亡的，无论按照具体符合说还是法定符合说，甲都成立故意杀人罪既遂。

（3）教唆犯的认识错误。即教唆犯所认识的事实与正犯所实现的构成要件事实不一致。无论是具体的事实认识错误，还是抽象的事实认识错误，都应该按照法定符合说处理。帮助犯的认识错误与教唆犯的事实认识错误原理一致，处理结论一致。

例如，甲教唆乙杀丙，乙误将丁当作丙杀害。乙属于具体事实认识错误中的对象错误，无论按照法定符合说还是具体符合说，不影响杀人故意的认定，乙成立故意杀人罪既遂一罪。按照共犯从属性说，应将乙杀人的违法事实归属于甲。但共犯从属性说并非解决责任的归属问题，故应当独立判断甲是否存在犯罪故意以及事实认识错误问题。甲不存在教唆杀人的对象错误问题，而是因正犯乙的行为而导致了丁的死亡，属于方法错误。按照法定符合说，甲成立故意杀人罪既遂的教唆犯；按照具体符合说，甲只可能是过失或者意外事件。

2. 不同共犯形式的错误

共犯形式的不同并不影响罪质，故不同共犯形式的错误，应当在有责的违法限度内，成立其中较轻的共犯形式。

（1）以间接正犯的故意，产生了教唆或者帮助的结果，因间接正犯的故意可以评价为教唆的故意或者帮助的故意，故在教唆犯或者帮助犯范围内一致，成立教唆犯或者帮助犯。

（2）以教唆犯的故意，产生了帮助的结果，因教唆故意可以评价为帮助的故意，故在帮助犯范围内一致，成立帮助犯。

（3）以教唆犯的故意，产生了间接正犯的结果的，或者以帮助犯的故意，产生了教唆的结果或者间接正犯的结果的，不需要认定为不同共犯形式的错误，而按照共犯从属性的原理即可解决定性问题，即成立教唆犯或者帮助犯。

例如，医生甲意图杀死患者丙，将毒药给不知情的护士乙，乙后来发现是毒药，但仍然给丙注射了该毒药。甲的行为引起了乙实施符合构成要件的违法行为的意思，故属于教唆行为，甲主观上是间接正犯的意思，由于间接正犯的故意符合教唆犯的故意，故对甲的行为应以故意杀人罪的教唆犯论处。

（九）共犯的犯罪形态

1. 共犯的既遂

如果法益已经发生实际损害的，原则上各共犯人都是既遂。如果有的共犯人没有为危害结果的发生提供物理或者心理联系，则该结果不能归属于该共犯人。

2. 共犯的未遂

按照共犯从属性原则，只要有正犯着手实行犯罪，其他正犯也着手实行犯罪，相应地，教唆犯、帮助犯也进入着手实行阶段；如果正犯因意志以外的原因未得逞，成立未遂，教唆犯、帮助犯也成立未遂。

3. 共犯的中止

共犯中止，必须符合中止犯的成立条件，即只有当共犯人自动消除了自己的行为与结果之间的因果性，才能成立中止。

（1）共同正犯中，所有正犯自动中止犯罪的，成立中止犯；如果部分正犯自动中止犯罪，并阻止其他正犯实行犯罪活动防止结果发生的，这部分正犯成立中止，其他人成立未遂；如果部分正犯中止自己的行为，但没有消除自己的行为与结果之间的因果性，其他正犯最终导致结果发生的，都成立既遂。

（2）教唆犯、帮助犯自动中止教唆行为、帮助行为，并阻止正犯的行为及其结果的，成立教唆犯、帮助犯的中止；如果正犯着手实行后中止犯罪，成立中止犯，则教唆犯、帮助犯属于因意志以外的原因未得逞，成立未遂犯。

（十）组织、领导犯罪集团的首要分子的刑事责任

对组织、领导犯罪集团的首要分子，按照集团所犯的全部罪行处罚，而不是按“全体成员”所犯的全部罪行处罚。犯罪集团的首要分子对犯罪集团犯罪行为负责任，并不意味着一定承担主要责任。

1. 超出集团犯罪故意的行为

犯罪集团的首要分子事先确定、指示了集团的犯罪范围，但当集团成员超出该犯罪范围，实施某种犯罪行为（首次犯罪行为）后，首要分子并不反对，而是默认，甚至赞同、怂恿，导致集团成员以后实施该种犯罪的，虽然首要分

子对成员的"首次犯罪行为"不应当承担责任，但对集团成员后来实施的相同犯罪行为，应当承担责任。

2. 集团犯罪概括故意范围内的行为

在首要分子对集团成员的犯罪内容作出某种程度的确定、指示，但没有明确限定具体目标、具体罪名等情况下，集团成员实施的犯罪行为没有明显超出首要分子的确定范围，或者说，集团成员实施的犯罪行为仍然处于首要分子确定、指示的范围之内时，首要分子仍应承担责任。

3. 集团犯罪重合范围内的行为

在首要分子对集团成员的犯罪内容作出某种程度的确定、指示，但集团成员发生误解，实施了其他犯罪的情况下，首要分子应当在有责的限度内承担责任。

4. 转化类型的犯罪

如果首要分子策划、指挥的犯罪是容易转化的犯罪，那么，当集团成员在实施首要分子策划、指挥的犯罪过程中转化为另一重罪时，首要分子原则上应当对转化后的犯罪承担责任。如果首要分子严令不得转化，对于集团成员转化犯罪的，首要分子仅对转化前的犯罪承担责任。

5. 加重情形的行为

如果首要分子策划、指挥某种基本犯罪行为，但集团成员在实施基本犯罪时造成加重结果的，首要分子应对结果加重犯承担责任。

七、罪数理论

（一）继续犯

继续犯，是指犯罪既遂后，危害行为与法益侵犯的不法状态还在持续进行。

1. 共犯认定

在继续犯中，只要犯罪行为还在持续进行，他人参与犯罪的，都成立共犯；在状态犯中，行为结束后，他人不能成立共犯，可能成立妨害司法活动的犯罪。

2. 追诉时效

继续犯追诉时效的期限从犯罪行为终了之日开始起算；状态犯追诉时效的期限通常从犯罪行为成立之日开始起算。

（二）法条竞合

法条竞合，是指一个行为同时符合了数个法条规定的犯罪构成，但从数个法条之间的逻辑关系来看，只能适用其中一个法条，排除适用其他法条的情况。

1. 特别关系

A 法条记载了 B 法条的全部特征和要素，但较之 B 法条至少还多出一个特别的特征和要素，使之与 B 法条存在区别。A 法条属于特殊法条，B 法条属于普通法条。

（1）成立条件

①逻辑的包容性。通过对构成要件的解释就可以发现一个构成要件包容了另一构成要件的全部内容。如果只能借助特定案件事实才能使两个法条之间产生关联，脱离案件事实两个法条处于中立关系甚至对立关系的，不属于法条竞合。

②法益的同一性。当两个法条的保护法益同一时，适用一个法条能充分、全面评价行为的不法内容，才能认定为法条竞合。如果行为侵犯了数个犯罪不同法益，仅适用一个法条就不足以充分、全面评价行为的不法内容，不属于法条竞合。

③不法的包容性。在法益同一时，只有当适用一个法条能充分、全面评价行为的不法内容（程度）且法条之间具有包含关系，才能认定法条竞合，否则属于想象竞合。

（2）具体表现

①加重构成要件。结果加重犯或者其他情节加重犯，与基本犯之间属于特殊法条与普通法条的关系，应优先适用属于特殊法条的结果加重犯与加重情节。如果加重构成要件成立独立罪名，与基本犯罪属于特殊法条和普通法条的关系，应优先适用属于特殊法条的罪名。

②减轻构成要件。如果刑法将减轻构成要件规定为独立罪名，其与基本犯罪的规定属于法条竞合关系。例如，伪造、变造、买卖身份证件罪与伪造、变造、买卖国家机关公文、证件、印章罪，两者是特殊法条与普通法条的关系。

③结合犯的构成要件。结合犯，是指数个原本独立的犯罪行为，根据刑法的明文规定，结合成为一个犯罪的情况。典型的结合犯，包括绑架后杀害被绑架人的，或者绑架后故意伤害被绑架人，致人重伤、死亡的；拐卖妇女又奸淫被拐卖的妇女的。

第一，相对于被结合的犯罪，结合犯属于特殊法条，优先适用特殊法条的规定，不能数罪并罚。

第二，结合犯所结合的犯罪行为内容必须严格依照法条的规定理解，不能超出法条用语随意扩大结合犯的成立范围。

第三，结合犯存在未遂或者中止的可能性，即适用结合犯的法定刑，同时适用未遂或者中止的处罚规定。当然，如果分则条文存在特殊规定的，适用特殊规定。

第四，如果他人中途参与被结合的犯罪行为的，他人仅成立被结合的犯罪，在此范围内双方成立共犯。

④加重责任要素。特殊法条增加特定责任要素（目的），以区别于普通法条的，优先适用特殊法条。

（3）法条适用规则

①对于法条竞合，原则上应当优先适用特殊法条。在共同犯罪中，存在着有的犯罪人适用特殊法条，有的适用普通法条的情形。

②在普通法条中已经规定而特殊法条中没有规定的行为，如果完全符合普通法条规定的构成要件，应当适用普通法条；当然，如果特殊法条的内容是为了限制处罚的范围，则不法、责任程度不值得处罚时，不得适用普通法条。

例如，《刑法》第280条第1款规定了盗窃、抢夺、毁灭国家机关公文、证件、印章罪，《刑法》第375条第1款规定了盗窃、抢夺武装部队公文、证件、印章罪，后者没有规定毁灭武装部队、公文、证件的行为，则对毁灭武装部队、公文、证件的行为应以毁灭国家机关、公文、证件罪论处。再如，《刑法》第280条第3款将居民身份证、护照、社会保障卡、驾驶证等依法可以用于证明身份的证件从第1款的国家机关证件中独立出来，仅规定伪造、变造、买卖行为成立犯罪，而且其法定刑低于伪造、变造、买卖国家机关证件罪的法定刑，这表明盗窃、抢夺、毁灭居民身份证等证件的行为，不构成犯罪（入户盗窃、携带凶器盗窃、扒窃身份证的，可能成立盗窃罪）。

③司法解释导致特殊法条不周全时，只要司法解释具有法律效力，就可以适用普通法条。

例如，如果信用卡诈骗罪以数额 5000 元为起点，普通诈骗罪以 3000 元为起点，那么，行为人信用卡诈骗 4000 元的，如何处理？刑法理论上存在以下观点：修改司法解释规定的数额标准；宣告无罪；以信用卡诈骗罪的未遂论处；成立普通诈骗罪。主流观点认为，如果行为人进行信用卡诈骗时，主观上打算、客观上也足以诈骗数额较大或者巨大的财物，由于意志以外的原因未得逞的，以信用卡诈骗罪未遂论处；如果行为人主观上没有打算以信用卡诈骗数额较大的财物，客观上没有达到信用卡诈骗数额较大以上，但达到了普通诈骗数额较大标准的，应以普通诈骗罪论处。

2. 补充关系

补充法条所规定的构成要件要素，少于或者低于基本法条的要求，或者存在消极要素的规定。补充法条规定的犯罪的不法程度必然轻于基本法条的犯罪，属于兜底构成要件。

（1）《刑法》第 151、152 条与第 153 条。其中第 151 条、第 152 条规定了各种走私特定物品的犯罪，第 153 条规定了走私普通货物、物品罪，后者是对前者的补充，属于兜底条文。当行为符合第 151 条、第 152 条规定，原则上不适用第 153 条的规定。如果行为客观上符合第 151 条、第 152 条的构成要件，但行为人仅有第 153 条的故意（误将文物当作普通货物走私出境的），应当适用第 153 条规定论处。由于走私文物罪、走私贵重金属罪仅限于走私出境的行为，故行为人走私文物、贵重金属入境的，应适用走私普通货物、物品罪的规定。行为人走私第 151 条第 3 款、第 152 条第 2 款规定的货物、物品偷逃关税数额特别巨大的，由于第 153 条最高刑为无期徒刑，而第 151 条第 3 款、第 152 条第 2 款最高刑为有期徒刑，故应认定为想象竞合，适用重罪的规定。

（2）《刑法》第140条与第141－148条。其中第141－148条规定了生产、销售特定的伪劣产品的犯罪，第140条规定了生产、销售伪劣产品罪，后者是对前者的补充，属于兜底条文。如果行为人实施的行为仅成立生产、销售伪劣产品罪，或者仅成立生产、销售特定伪劣产品的犯罪，那就按照行为触犯的罪名定罪处罚。如果行为人生产、销售特定的伪劣产品，既成立生产、销售伪劣产品罪（第140条），也成立生产、销售特定伪劣产品罪（第141－148条），应按照重法条定罪处罚（第149条明文规定）。

（3）《刑法》第114条与第115条第1款。其中第114条属于危险犯，第115条第1款属于侵害犯，前者为补充法条，后者为基本法条。第一，行为人实施放火等危害公共安全的行为，造成第115条第1款规定的实害结果，并且对该实害结果存在故意的，应当适用第115条第1款，这属于普通的结果犯；第114条就属于未遂犯，故没有造成实害结果的，适用第114条的规定，但不再适用《刑法》第23条关于犯罪未遂的规定，这是未遂犯的既遂化的规定。第二，行为人实施放火等危害公共安全的行为，仅对具体的公共危险存在故意，对第115条规定的实害结果仅有过失的，属于结果加重犯，适用第115条第1款的规定。而第114条的规定属于基本犯。第三，第114条规定的“尚未造成严重结果”是表面的构成要件要素，故第114条与第115条第1款的规定不是相互排斥的关系，而是特别关系，即凡是符合第115条第1款规定的行为必然符合第114条的规定。如果无法证明行为人的放火等行为与实害结果之间的因果关系，也应适用第114条的规定。

（三）想象竞合

1. 概念

想象竞合，是指一个行为触犯了数个罪名的情况。想象竞合成立数罪，在判决书中应当逐一列出行为所触犯的犯罪，仅按其中较重犯罪的法定刑处罚（科处一个刑罚）。但刑法分则规定存在例外（第204条第2款，应数罪并罚）。

例如，甲醉酒后在大街上随意殴打、拦截他人，造成乙轻伤，并摔坏了丙的名贵手机（价值8000元）。如果仅评价甲的行为是寻衅滋事，就没有评价甲故意伤害与毁坏财物的行为，甲的行为就没有得到全面、完整的评价，不利于对乙、丙法益的保护，不利于预防犯罪，也不利于对乙、丙的心理安抚和民事赔偿。为了完整评价甲的行为，就得认定甲的行为成立寻衅滋事罪、故意伤害罪、故意毁坏财物罪，属于想象竞合犯。

2. 法条竞合与想象竞合之间是对立关系

（1）如果两个法条之间只存在交叉关系，则二者之间属于想象竞合，不可能是法条竞合。

例如，《刑法》第266条规定的诈骗罪与第279条规定的招摇撞骗罪，其构成要件内容存在交叉关系。对于甲冒充国家机关工作人员骗取他人数额较大财物的行为，如果仅评价为招摇撞骗罪，就没有评价其骗取财物的内容；如果仅评价为诈骗罪，就没有评价其行为对国家机关公信力侵害的内容；只有认定其行为成立招摇撞骗罪与诈骗罪的想象竞合犯，才能全面评价甲有责的不法内容。

（2）两个法条在通常情况下是法条竞合关系，但可能在特定情况下（适用一个法条不能充分、全面评价行为有责的不法内容）属于想象竞合。

①如果甲重罪的既遂与乙轻罪属于法条竞合，则甲重罪的未遂与乙轻罪可能是想象竞合。

例如，故意杀人罪与故意伤害罪原则上属于特殊法条与普通法条的关系，应优先适用特殊法条。甲以特别残忍手段实施杀人行为致人重伤造成严重残疾，按照故意杀人罪未遂论处，可以比照既遂犯从轻、减轻处罚；这样处理并未充分评价“以特别残忍的手段致人重伤造成严重残疾”的不法内容和程度。如果认定为故意杀人罪未遂与故意伤害罪的想象竞合犯，则可以适用故意伤害罪中“十年以上有期徒刑、无期徒刑或者死刑”的法定刑，而且不适用未遂犯的处罚规定。

②甲罪与乙罪的基本条款是法条竞合，但甲罪与乙罪的加重条款可能是想象竞合。如果从法定刑与量刑规范的角度判断，甲罪或者乙罪的法条都不足以全面、充分评价行为的不法内容和程度，就应当认定为想象竞合。

【观点展示】保险诈骗罪法定最高刑为十五年有期徒刑，诈骗罪法定最高刑为无期徒刑。关于二者的关系，刑法理论存在不同观点。法条竞合说认为，保险诈骗罪与诈骗罪属于法条竞合关系，凡是成立保险诈骗罪的，按照保险诈骗罪的法条定罪处罚；即使保险诈骗数额特别巨大的，也不适用诈骗罪的法条（诈骗罪规定“本法另有规定的，依照规定”），但可以合同诈骗罪定罪处罚。想象竞合说认为，保险诈骗罪与诈骗罪存在交叉关系，但法益内容并不完全相同，二者不属于法条竞合，而是想象竞合。折中说认为，即使认为保险诈骗罪的一般情形与诈骗罪属于法条竞合，但保险诈骗数额特别巨大，按诈骗罪可能判处无期徒刑的，无论评价为保险诈骗罪还是诈骗罪，都不足以全面评价不法行为，故应当认定保险诈骗罪与诈骗罪为想象竞合犯。

③结果加重犯与基本犯是特别关系的法条竞合，但结果加重犯与加重结果所触犯的犯罪之间则是想象竞合犯。如果形式上属于加重结果，但刑法没有加重其法定刑，即没有规定为结果加重犯的，也属于想象竞合。

例如，抢劫致人死亡与抢劫的基本犯是法条竞合，但抢劫致人死亡与故意杀人罪或者过失致人死亡罪是想象竞合。绑架致使被绑架人死亡的，应认定为绑架罪与过失致人死亡罪的想象竞合犯。

（四）吸收犯

吸收犯，是指多个行为触犯不同犯罪，但具有前后发展关系，即前行为是后行为的必经阶段，后行为是前行为发展的当然结果。吸收犯必须要求两个行为指向的对象具有同一性，否则数罪并罚。对于吸收犯，重罪吸收轻罪，以重罪论处。

（五）牵连犯

1. 概念与特征

行为人为实现同一犯罪目的，实施了两个触犯不同罪名的犯罪行为，但二者存在“手段行为－目的行为”或者“原因行为－结果行为”的关系。成立牵连犯，不仅要求在客观上、主观上能认定牵连关系，而且这种关系在社会生活中还必须具有通常性（类型性的牵连关系），即某种手段行为通常用于某种犯罪，或者某种原因行为通常导致某种结果行为。刑法理论上一般认为，对牵连犯应从一重处罚，或者从一重从重处罚。

2. 常见的牵连犯

（1）伪造证件材料进行诈骗犯罪。例如，伪造、变造、买卖国家机关公文、证件，伪造公司、企业、事业单位印章，伪造、变造、买卖身份证件，伪造、变造金融票证，以虚假身份证明骗领信用卡（妨害信用卡罪），然后进行普通诈骗、合同诈骗、金融领域的诈骗犯罪、招摇撞骗罪等的，属于典型的牵连犯关系。但盗窃、抢夺国家机关公文、证件、印章或者盗窃军车、军服后诈骗、招摇撞骗的，应当数罪并罚。

（2）伪造、变造、买卖身份证件后组织考试作弊、代替考试的，成立伪造、变造、买卖身份证件罪与组织考试作弊罪、代替考试罪的牵连犯。

（3）非法侵入住宅杀害、强奸被害人的，成立非法侵入住宅罪与故意杀人罪或者强奸罪的牵连犯。

（4）绑架后勒索到数额较大以上的财物的，成立绑架罪与敲诈勒索罪的牵连犯。

（5）盗窃财物后，为了顺利销赃而伪造公司、企业发票的，成立盗窃罪与伪造公司、企业印章罪的牵连犯。

（六）不可罚的事后行为

在状态犯的场合，在不法状态存续期间，又实施了形式上触犯其他犯罪、但没有侵犯新法益或者没有责任的行为，后行为就属于不可罚的事后行为。

例1：甲盗窃、抢夺、抢劫、诈骗或者敲诈勒索（以下仅表述盗窃）他人财物之后又毁坏该财物的，毁坏财物的行为没有侵犯新的法益，属于不可罚的事后行为。但是，甲盗窃他人文物后，为逃避侦查而毁坏文物或者出售文物的，应数罪并罚。

例 2：甲盗窃财物之后，出售自己非法获取的赃物的，出售赃物的行为虽然侵犯新的法益（即妨害司法活动顺利进行），但缺乏责任（没有期待可能性），属于不可罚的事后行为，不成立赃物犯罪。这种情形中，不可罚的事后行为仅针对本犯而言，故其他仅仅参与事后行为的人，依然可能成立赃物犯罪。

例 3：甲将盗窃的文物仿真品（价值数额较大）冒充文物出卖给他人，骗取财物的，事后行为侵犯新的法益，且对行为人不缺乏期待可能性，则应认定为数罪，成立盗窃罪与诈骗罪，数罪并罚。

例 4：甲盗窃财物后隐瞒真相单纯出售赃物的行为是否成立诈骗罪，取决于是否对赃物适用善意取得制度。如果适用善意取得制度，购买者无财产损失，甲不成立诈骗罪；如果不适用善意取得制度，购买者存在财产损失，甲成立诈骗罪，与盗窃罪数罪并罚。

八、刑罚论

（一）死刑的适用对象

1. 犯罪时不满 18 周岁的人，或者审判时（从被采取强制措施到执行死刑期间）存在过怀孕现象（包括正在怀孕、分娩或者流产）的妇女，对同一犯罪事实无论什么时候判决的，不得适用死刑。

2. 审判时（至迟执行死刑时）年满 75 周岁的，不适用死刑；但以特别残忍手段致人死亡（不包括过失致人死亡）

的除外，即不适用“不适用死刑”的规定。

（二）累犯

1. 一般累犯

成立条件：(1) 前后罪都是故意犯罪；(2) 前罪判处有期徒刑以上刑罚，后罪应当判处有期徒刑以上刑罚；(3) 实施前后罪时都已满 18 周岁；(4) 后罪必须在前罪有期徒刑以上刑罚执行完毕或者赦免以后 5 年内实施。

缓刑考验期间犯罪、缓刑考验期满之后犯罪、假释考验期间犯罪都不属于“刑罚执行完毕”犯罪；假释考验期满之后犯罪，属于“刑罚执行完毕”后再犯罪。

2. 特别累犯

成立条件：(1) 前后罪都是危害国家安全犯罪、恐怖活动犯罪或者黑社会性质的组织犯罪；(2) 前罪刑罚必须执行完毕或者赦免以后：如果判处主刑的，必须主刑执行完；前罪仅判处附加刑的，要求附加刑执行完毕；前罪没有判处刑罚的，不成立累犯。

3. 法律效果

对于累犯，应当从重处罚，不得缓刑，不得假释。

（三）自首

1. 一般自首

犯罪分子自动投案，如实供述自己的罪行。

(1) 自动投案

第一，投案时间。自动投案须发生在尚未归案之前（时间限定），即犯罪事实未被司法机关发觉以前、犯罪人尚未被查获以前或者司法机关尚未对犯罪分子进行讯问或者采取强制措施以前。没有自动投案，在纪检、监察机关、公安、检察机关调查谈话、讯问、采取调查措施或者强制措施期间，犯罪分子如实交代办案机关掌握的线索所针对的事实的，不能认定为自首。在犯罪过程中经警方劝说而放弃犯罪的，符合投案时间条件。

第二，投案行为。犯罪嫌疑人自动投案后又逃跑的，不能认定为自首。罪行未被有关部门、司法机关发觉，仅因形迹可疑被盘问、教育后，主动交代了犯罪事实的，属于自动投案；如果有关部门、司法机关在其身上、随身携带的物品、驾乘的交通工具等处发现与犯罪有关的物品的，不能认定为自动投案。交通肇事后保护现场、抢救伤者，并向公安机关报告的；交通肇事逃逸后自动投案，如实供述自己罪行的，属于自动投案，但应依法以较重法定刑为基准，视具体情形决定对其是否从宽处罚以及从宽处罚的幅度。

第三，投案的自动性。自动投案必须是基于犯罪分子本人的自愿意志（主观条件）。投案动机不影响自动性的认定：真诚悔罪、争取宽大处理、经亲友规劝而醒悟、慑于法律的威严、潜逃在外生活无着，等等。在家长、亲友的语言规劝、陪同下投案的，只要犯罪人后来如实供述了自己的罪行，应按自首处理。投案方式不限于到有关机关去或者直接投向有关个人，还包括因病、因伤委托他人代为投案，或者先以信件、电报、电话投案。

第四，投案对象。自行投于有关机关或个人。其中“有关机关”包括对犯罪负有侦查、起诉、审判职能的公、检、法及其派出单位，其他国家机关以及犯罪人所属单位的保卫部门或乡、村政府及其治保组织（显然，不要求对其犯罪具有刑事管辖权的机关或与自己有关的机关、单位、组织等）。

其中“个人”包括司法机关及其他机关、单位的人（包括国家工作人员和特定的非国家工作人员，非在执行职务之中的司法机关及其他国家机关、企业事业单位的国家工作人员）与某些非国家工作人员（如村主任、治保主任等）。

第五，投案表现。承认自己所犯的特定之罪。投案人必须承认下列事实：在犯罪事实已经发生但尚未被发现的情况下，承认自己实施了何种犯罪；在犯罪事实虽已被发现但尚未查清犯罪人的情况下，承认该罪是自己所为；在犯罪事实和犯罪人均已被发觉但尚未归案的情况下，承认自己是该罪行为人。

第六，实质要求。犯罪人必须将自己置于有关机关或个人的控制之下，并等待交代犯罪事实。犯罪人匿名将赃物送回司法机关或者物主处，或者用电话、书信向司法机关报案或指出赃物所在，不成立自首。

（2）如实供述自己的罪行

犯罪人供述自己的主要犯罪事实（足以证明行为人的行为构成犯罪的基本事实），而不是指犯罪的全部事实细节（对犯罪证据、凶器等拒不交代的，不影响“如实供述自己的罪行”的判断）。

第一，如果犯罪人在供述罪行的过程中推诿责任，保全自己，意图逃避制裁；大包大揽，庇护同伙，意图包揽罪责；歪曲罪质、隐瞒情节，企图蒙混过关；掩盖真相，避重就轻，试图减轻罪责，等等，不属于“如实供述自己的罪行”，不能成立自首。

第二，“如实供述自己的罪行”除供述自己的主要犯罪事实外，还包括姓名、年龄、职业、住址、前科等情况。犯罪嫌疑人供述的身份等情况与真实情况虽有差别，但不影响定罪量刑的，应认定为如实供述自己的罪行；否则，不能认定为如实供述自己的罪行。

第三，对于同种罪行，如果投案后没有交代全部犯罪事实，但如实交代的犯罪情节重于未交代的犯罪情节，或者如实交代的犯罪数额多于未交代的犯罪数额，一般应认定为如实供述自己的主要犯罪事实。

第四，共同犯罪案件中的犯罪嫌疑人，除如实供述自己的罪行，还应当供述所知的同案犯的犯罪事实，主犯则应当供述所知其他同案犯的共同犯罪事实。否则，不能认定为自首。

第五，犯罪嫌疑人自动投案并如实供述自己的罪行后又翻供的，不能认定为自首；但在一审判决前又能如实供述的，应当认定为自首。

第六，犯罪人自动投案如实供述自己的罪行后，为自己进行辩护，提出上诉，或者更正、补充某些事实的，应当允许，不能将这些行为视为没有如实供述自己的罪行。犯罪人自动投案后如实供述自己的罪行，但不退还赃物的，原则上也不影响自首的成立。

2. 准自首（特别自首）

已被采取刑事强制措施的犯罪嫌疑人、被告人或者已在服刑的罪犯，如实供述司法机关还未掌握的本人其他罪行。

（1）司法机关还未掌握的罪行。即犯罪人已经实施但司法机关不知道、不了解或未掌握的犯罪事实。

第一，如果该罪行已被通缉，一般应以该司法机关是否在通缉令发布范围内作出判断，不在通缉令发布范围内的，应认定为还未掌握，在通缉令发布范围内的，应视为已掌握。

第二，如果该罪行已录入全国公安信息网络在逃人员信息数据库，应视为已掌握。

第三，如果该罪行未被通缉，也未录入全国公安信息网络在逃人员信息数据库，应以该司法机关是否已实际掌握该罪行为标准。

（2）本人其他罪行。即犯罪人所供述的罪行在犯罪性质或者罪名上与司法机关已经掌握的罪行不同。

第一，没有自动投案，但具有以下情形之一的，以自首论：犯罪分子如实交代办案机关未掌握的罪行，与办案机关已掌握的罪行属不同种罪行的；办案机关所掌握线索针对的犯罪事实不成立，在此范围外犯罪分子交代同种罪行的。

第二，虽然如实供述的其他罪行的罪名与司法机关已掌握犯罪的罪名不同，但如实供述的其他犯罪与司法机关已掌握的犯罪属选择性罪名或者在法律、事实上密切关联，应认定为同种罪行，不成立自首。

第三，没有自动投案，在办案机关调查谈话、讯问、采取调查措施或者强制措施期间，犯罪分子如实交代办案机关掌握的线索所针对的事实的，不能认定为自首。其中“办案机关”包括纪检、监察、公安、检察等法定职能部门。

（四）立功

犯罪分子有揭发他人犯罪行为，查证属实的，或者提供重要线索，从而得以侦破其他案件等立功表现。

1. 揭发他人犯罪行为，查证属实

（1）其中“他人”，指任何他人，包括同案犯（但必须

揭发的是同案犯的其他犯罪行为，如果揭发同案犯的同案行为，则属于自首或者坦白的内容）。

（2）其中“犯罪行为”，不要求完全符合犯罪构成，包括客观违法但没有责任能力的行为、客观违法但没有罪过（故意、过失）的行为、没达到司法解释确定的犯罪数额标准的违法行为、犯罪人已经死亡的犯罪行为、他人已过追诉时效的行为，还包括他人针对自己实施的犯罪行为；但不包括他人的排除犯罪的行为、不能适用中国刑法的行为、他人实施的告诉才处理的行为。

（3）其中“查证属实”，只要证据确凿、事实清楚即可，不要求达到定罪量刑的程度。

2. 提供重要线索，得以侦破其他案件

（1）其中“提供重要线索”，指司法机关尚未掌握的重要犯罪线索，即能够证明犯罪的重要事实、犯罪人或者有关证人等。据以立功的线索、材料来源有下列情形之一的，不能认定为立功：犯罪分子通过贿买、暴力、胁迫等非法手段，或者被羁押后与律师、亲友会见过程中违反监管规定，获取他人犯罪线索并“检举揭发”的；犯罪分子将本人以往查办犯罪职务活动中掌握的，或者从负有查办犯罪、监管职责的国家工作人员处获取的他人犯罪线索予以检举揭发的；犯罪分子亲友为使犯罪分子“立功”，向司法机关提供他人犯罪线索、协助抓捕犯罪嫌疑人的。

（2）其中“得以侦破其他案件”，是指使得其他犯罪分子（包括同案犯）得到刑事追究，其最低要求为使其他犯罪分子被抓获，不要求实际定罪处罚。

3. 其他立功表现

（1）阻止他人犯罪活动。

（2）阻止其他犯罪人的逃跑。

（3）协助司法机关抓捕其他犯罪嫌疑人（包括同案犯）。

下列情形属于“协助司法机关抓捕其他犯罪嫌疑人”：按照司法机关的安排，以打电话、发信息等方式将其他犯罪嫌疑人（包括同案犯）约至指定地点，得以抓获其他犯罪分子的；按照司法机关的安排，当场指认、辨认其他犯罪嫌疑人（包括同案犯）的；带领侦查人员抓获其他犯罪嫌疑人（包括同案犯）的；提供司法机关尚未掌握的其他案件犯罪嫌疑人的联络方式、藏匿地址，得以抓获其他犯罪分子的。

下列情形不属于“协助司法机关抓捕其他犯罪嫌疑人”：犯罪分子提供同案犯姓名、住址、体貌特征等基本情况；犯罪分子提供犯罪前、犯罪中掌握、使用的同案犯联络方式、藏匿地址，司法机关据此抓捕同案犯的。

（4）其他有利于国家和社会的突出贡献的。

4. 重大立功表现

犯罪分子检举、揭发的他人犯罪，提供侦破其他案件的重要线索，阻止他人的犯罪活动，或者协助司法机关抓捕的其他犯罪嫌疑人，犯罪嫌疑人、被告人依法可能被判处无期徒刑以上刑罚的，应当认定为有重大立功表现。

注意：（1）可能被判处无期徒刑以上刑罚，是指根据犯罪行为的事实、情节可能判处无期徒刑以上刑罚。（2）案件已经判决的，以实际判处的刑罚为准。（3）根据犯罪行为的事实、情节应当判处无期徒刑以上刑罚，因被判刑人有法定情节经依法从轻、减轻处罚后判处有期徒刑的，应当认定为重大立功。

（五）数罪并罚

1. 一般规定（第 69 条）

（1）判处附加刑的，附加刑仍需执行；种类相同的，合并执行；种类不同的，分别执行。

（2）处死刑或者无期徒刑的，执行死刑或者无期徒刑。

（3）判处管制、拘役、有期徒刑的，在总和刑期以下、数刑中最高刑期以上判处刑罚；但管制的上限为 3 年，拘役的上限为 1 年，有期徒刑的上限为 20 年（总和刑期不满 35 年的）或者 25 年（总和刑期为 35 年以上的）。

（3）判处有期徒刑与拘役的，只执行有期徒刑；判处有期徒刑与管制的，或者判处拘役与管制的，先执行有期徒刑或者拘役，再执行管制。

2. 漏罪并罚，先并后减（第 70 条）

判决后、刑罚执行完毕之前发现漏罪的，将前后判决按照第 69 条并罚，已执行的刑期计算在并罚判决的刑期内。

3. 新罪并罚，先减后并（第 71 条）

判决后、刑罚执行完毕之前犯新罪的，将后罪的判决与前罪没有执行完毕的刑罚按照第 69 条的规定并罚。

（六）缓刑

1. 累犯与犯罪集团的首要分子，不得缓刑。

2. 可以缓刑的条件。宣告刑为拘役、3 年以下有期徒刑；犯罪较轻，有悔罪表现，没有再犯危险，宣告缓刑对社区没有重大不良影响。

3. 应当缓刑的条件。满足可以缓刑的条件，而且判决时属于不满 18 周岁的人、怀孕的妇女或者已满 75 周岁的人。

4. 撤销缓刑。

（1）缓刑考验期间犯新罪的，无论什么时候发现该罪，都应当撤销缓刑决定，只要新罪没过追诉时效，按照第69条数罪并罚。并罚后不得再宣告缓刑。

（2）在缓刑考验期间发现漏罪，撤销缓刑，漏罪没过追诉时效的，按照第69条并罚，并罚后可以再次宣告缓刑。缓刑考验期结束后发现漏罪的，不得撤销缓刑决定，仅处罚漏罪。

（3）在缓刑考验期间，违反法律、行政法规或者国务院有关部门关于缓刑的监督管理规定，或者违反禁止令，情节严重的，应当撤销缓刑，执行原判刑罚。

（七）减刑

1. 可以减刑的条件

认真遵守监规，接受教育改造，确有悔改表现，或者有立功表现。职务犯罪、破坏金融管理秩序和金融诈骗犯罪、组织、参加、包庇、纵容黑社会性组织犯罪的罪犯，不积极退赃、协助追缴赃款赃物、赔偿损失，或者服刑期间利用个人影响力和社会关系等不正当手段意图获得减刑的，不能认定为“确有悔改表现”。

2. 应当减刑的条件

有重大立功表现。

3. 减刑后再犯新罪

减刑后，刑罚执行期间因故意犯罪而数罪并罚时，原判死缓减为无期徒刑、有期徒刑，或者无期徒刑减为有期徒刑的裁定继续有效，但减刑裁定减去的刑期不计入已经执行的刑期。

4. 减刑后发现漏罪

减刑后，刑罚执行期间因发现漏罪而数罪并罚的，原裁定减刑自动失效。如漏罪系罪犯主动交代的，对其原减去的刑期，由执行机关报请有管辖权的人民法院重新作出减刑裁定，予以确认；否则，只能按照法定程序酌情裁定。

（八）假释

1. 限制条件

对累犯以及因故意杀人、强奸、抢劫、绑架、放火、爆炸、投放危险物质或者有组织的暴力性犯罪被判处10年以上有期徒刑、无期徒刑的犯罪分子，不得假释。因暴力犯罪被判处死缓，2年考验期满后减为无期徒刑或者25年有期徒刑的，仍然不能假释（当然解释）。

2. 对象条件

假释适用于被判处有期徒刑（执行1/2以上刑期）、无期徒刑（实际执行13年以上）的犯罪分子。有特殊情况，报最高人民法院核准，可以不受最低执行刑期的限制。判处死缓的，依法减为无期徒刑和25年有期徒刑后，符合假释条件的，可以假释。

3. 实质条件

假释只适用于在刑罚执行期间，认真遵守监规，接受教育改造，确有悔改表现，没有再犯罪的危险的犯罪分子。《监狱法》规定，如有重大立功表现的，应当假释。

4. 假释的撤销

（1）假释考验期间犯新罪。被假释的犯罪人，在假释考验期限内犯新罪的，应当撤销假释，按照《刑法》第71条规定的先减后并的方法实行并罚。如果前罪为无期徒刑，则将新罪所判处的刑罚与前罪的无期徒刑实行并罚。只要是在假释考验期内犯新罪，即使经过了假释考验期限后才发现新罪，也应当撤销假释，按照先减后并的方法实行并罚。

（2）假释考验期间发现漏罪。在假释考验期限内，发现被假释的犯罪分子在判决宣告以前还有其他罪没有判决的，应当撤销假释，按照《刑法》第70条规定的先并后减的方法实行并罚。如果在假释考验期满后，才发现被假释的犯罪人在判决宣告以前还有其他罪没有判决的，不得撤销假释，只能对新发现的犯罪另行侦查、起诉、审判，不得与前罪的刑罚并罚。

（3）假释考验期间违反其他规定。被假释的犯罪分子，在假释考验期限内，有违反法律、行政法规或者国务院有关部门关于假释的监督管理规定的行为，尚未构成新的犯罪的，应当依照法定程序撤销假释，收监执行尚未执行完毕的刑罚。

（九）追诉时效

1. 追诉期限

（1）法定最高刑为不满五年有期徒刑的，经过五年。

（2）法定最高刑为五年以上不满十年有期徒刑的，经过十年。

（3）法定最高刑为十年以上有期徒刑的，经过十五年。

（4）法定最高刑为无期徒刑、死刑的，经过二十年。如果二十年以后认为必须追诉的，须报请最高人民检察院核准。

2. 追诉时效的延长

即不受追诉期限限制：

（1）侦查机关立案侦查后，或者人民法院受理案件后，犯罪人积极逃避侦查或者审判的案件。但毁灭证据、串供等，不属于“逃避侦查与审判”。

（2）被害人在追诉期限内提出控告，公、检、法该立案不立案的案件。

3. 追诉期限的中断

（1）追诉期限从犯罪之日开始计算；犯罪行为有连续或者继续状态的，从犯罪行为终了之日开始计算。

（2）在追诉期限内又犯新罪的，前罪的追诉期限从新罪成立之日重新起算。

4. 共同犯罪的时效

（1）由于共同犯罪人可能分别适用不同的法定刑，故应按各共犯人应当适用的法定刑幅度，分别计算其追诉期限。

（2）在共同犯罪中，在追诉期限以内又犯罪的共犯人，其前罪追诉的期限从犯后罪之日起计算；在追诉期限内没有再犯罪的共犯人，其犯罪的追诉期限并不中断。

九、危害公共安全罪

（一）放火罪、爆炸罪、投放危险物质罪与以危险方法危害公共安全罪

1. 具体危险犯

放火罪等的成立，要求行为足以危及不特定的多数人的生命、健康、财产安全，危及公共安全。

2. 罪数问题

（1）以放火、爆炸方式杀人，或者故意烧毁财物、破坏

交通工具、驾驶车辆碾压他人，危害公共安全的，成立相应的危害公共安全罪，同时成立故意杀人罪等的，属于想象竞合犯；没有危害公共安全的，只能成立故意杀人罪等犯罪。

（2）行为人实施故意杀人罪等之后，为了破坏现场而放火，危及公共安全的，应当数罪并罚。

3. 其他危险方法

（1）按照同类解释规则，仅限于与放火、决水、爆炸、投放危险物质相当的方法，而不是泛指任何具有危害公共安全性质的方法（限制解释）。

（2）如果某种行为符合其他犯罪的构成要件，而且符合罪刑相适应原则的，应认定为其他犯罪，不认定为本罪。

（3）采用放火、爆炸、决水、投放危险物质的行为方式，却又不能构成放火罪、爆炸罪、决水罪、投放危险物质罪的行为，也不可能成立以危险方法危害公共安全罪。

（4）以危险方法危害公共安全罪足以造成或者已经造成的侵害结果，仅限于致人重伤、死亡或者使公私财物遭受重大损失；不足以造成这三类物质性结果的行为，即使造成了其他物质性或者非物质性结果，也不可能成立以危险方法危害公共安全罪。

4. 妨害公共交通工具安全行为的定性

（1）公共交通工具，是指公共汽车、公路客运车，大、中型出租车等车辆。

（2）乘客在公共交通工具行驶过程中，抢夺方向盘、变速杆等操纵装置，殴打、拉拽驾驶人员，或者有其他妨害安全驾驶行为，危害公共安全，尚未造成严重后果的，依照《刑法》第114条的规定，以以危险方法危害公共安全罪定罪处罚；致人重伤、死亡或者使公私财产遭受重大损失的，依照《刑法》第115条第1款的规定，以以危险方法危害公共安全罪定罪处罚。

（3）乘客在公共交通工具行驶过程中，随意殴打其他乘客，追逐、辱骂他人，或者起哄闹事，妨害公共交通工具运营秩序，符合《刑法》第293条规定的，以寻衅滋事罪定罪处罚；妨害公共交通工具安全行驶，危害公共安全的，依照《刑法》第114条、第115条第1款的规定，以以危险方法危害公共安全罪定罪处罚。

（4）驾驶人员在公共交通工具行驶过程中，与乘客发生纷争后违规操作或者擅离职守，与乘客厮打、互殴，危害公共安全，尚未造成严重后果的，依照《刑法》第114条的规定，以以危险方法危害公共安全罪定罪处罚；致人重伤、死亡或者使公私财产遭受重大损失的，依照《刑法》第115条第1款的规定，以以危险方法危害公共安全罪定罪处罚。

（二）枪支、弹药、爆炸物关联犯罪

1. 非法制造、买卖、运输、邮寄、储存枪支弹药爆炸物罪

本罪属于抽象危险犯。

（1）其中“买卖”包括买来再卖、单纯买或者卖，介绍买卖的，成立共犯；交换枪支、弹药的，如果没有增加公共危险，则不成立犯罪。

（2）其中“运输”是指转移存放地的行为，但必须与制造、买卖相关联，包括境内运输与境内外运输（走私爆炸物的，成立非法运输爆炸物罪与走私普通货物、物品罪的想象竞合犯）。

（3）其中“储存”既包括为制造、买卖、运输等存放的行为，还包括保存、控制大量枪支、弹药的行为。要求数量两支以上。

2. 盗窃、抢夺枪支、弹药、爆炸物、危险物质罪

盗窃、抢夺枪支、弹药、爆炸物罪属于抽象危险犯，盗窃、抢夺危险物质罪属于具体危险犯。

（1）罪过形式。本罪属于故意犯罪，要求具有非法占有目的（不成文的构成要件要素）。一方面，在枪支、弹药、爆炸物等之间出现认识错误的，按照具体事实认识错误中对象错误处理，以客观内容定罪；另一方面，在枪支等与普通财物之间出现事实认识错误的，按照抽象事实认识错误的对象错误处理，以盗窃罪论处。

（2）罪数问题。盗窃枪支后又非法持有的，属于吸收犯；盗窃之后意外发现属于枪支而非法持有的，应当数罪并罚。

3. 非法出租、出借枪支罪

（1）配备公务用枪的人员，非法出租、出借枪支，或者配置枪支的人员非法出租、出借枪支，造成严重后果。

（2）出售枪支或者用于抵债的，属于“买卖”，不属于“出租”，但“赠送”枪支的属于永久“出借”。

（3）行为人明知他人实施抢劫等犯罪，而非法出租、出借枪支给他人的，成立非法出租、出借枪支罪与抢劫罪等犯罪共犯，属于想象竞合犯。

4. 丢失枪支不报罪

（1）主体是配备公务用枪的人员。

（2）丢失枪支是前提，即非基于本意而失去了对枪支

的控制。

（3）不及时报告才是本罪的犯罪行为，故本罪属于不作为犯罪。

（4）“造成严重后果”属于客观的超过要素，不要求认识，但要有认识的可能性。

（三）交通肇事罪

1. 非身份犯

（1）单位主管人员、机动车辆所有人或者机动车辆承包人指使、强令他人违章驾驶造成重大交通事故的，成立交通肇事罪（肇事司机如果承担责任，也成立交通肇事罪）。

（2）交通肇事后，单位主管人员、机动车辆所有人、承包人或者乘车人指使肇事人逃逸，致使被害人因得不到及时救助而死亡的，以交通肇事罪（的共犯）论处，指使者成立犯罪与否不以被指使者成立犯罪为前提。

2. 行为结构

行为人违反交通运输管理法规，因而发生重大交通事故，致人重伤、死亡或者使公私财产遭受重大损失。重大交通事故必须发生在交通运输过程中以及与交通运输有直接关系的活动中。交通肇事的结果必须由违反规范保护目的的行为所引起。

3. 入罪标准

刑事司法机关在认定刑事责任时，不能仅以交通管理部门的责任认定为根据，而应以交通肇事罪的构成要件为依据认定行为人是否承担交通肇事罪的刑事责任。

（1）交通肇事具有下列情形之一的，处三年以下有期徒刑或者拘役：死亡一人或者重伤三人以上，负事故全部或者主要责任的；死亡三人以上，负事故同等责任的；造成公共财产或者他人财产直接损失，负事故全部或者主要责任，无能力赔偿数额在三十万元以上的。

（2）交通肇事致一人以上重伤，负事故全部或者主要责任，并具有下列情形之一的，以交通肇事罪定罪处罚：酒后、吸食毒品后驾驶机动车辆的；无驾驶资格驾驶机动车辆的；明知是安全装置不全或者安全机件失灵的机动车辆而驾驶的；明知是无牌证或者已报废的机动车辆而驾驶的；严重超载驾驶的；为逃避法律追究逃离事故现场的。

4. 加重情节

交通运输肇事后逃逸或者有其他特别恶劣情节的，处三年以上七年以下有期徒刑；因逃逸致人死亡的，处七年以上有期徒刑。

（1）按照司法解释的观点，“逃逸”是指行为人在发生了构成交通肇事罪的交通事故后，为逃避法律追究而逃跑的行为；该情形的成立要求符合交通肇事罪基本犯的成立条件。“因逃逸致人死亡”是指行为人在交通肇事后为逃避法律追究而逃跑，致使被害人因得不到及时救助而死亡的情形；该加重情节的成立不要求交通肇事行为成立交通肇事罪的基本犯。

（2）刑法理论有观点认为，应当以不救助被害人（不作为）为核心理解和认定“逃逸”与“因逃逸致人死亡”，即只要交通肇事后存在需要救助的被害人，行为人不救助的就属于逃逸。加重情节的成立要求交通肇事行为成立交通肇事罪的基本犯。

5. 罪数问题

（1）肇事后转移被害人、弃置被害人，致使被害人得不到及时救助而死亡的，成立故意杀人罪。先前行为如果成立犯罪的，数罪并罚。

（2）误以为肇事行为致人死亡，毁尸灭迹才导致被害人死亡的，成立过失致人死亡罪。先前行为如果成立犯罪的，数罪并罚。

（四）危险驾驶罪

1. 成立条件

在道路上驾驶机动车，实施以下危险驾驶行为的：

（1）追逐竞驶，情节恶劣；

（2）醉酒驾驶机动车；

（3）从事校车业务或者旅客运输，严重超过额定乘员载客，或者严重超过规定时速行驶；

（4）违反危险化学品安全管理规定运输危险化学品，危及公共安全；

（5）机动车所有人、管理人对第（3）、（4）项中的行为负有直接责任的，成立危险驾驶罪。

2. 罪数问题

（1）危险驾驶行为同时构成交通肇事罪或者以危险方法危害公共安全罪等犯罪的，依照处罚较重的规定定罪处罚，不实行数罪并罚。

（2）醉酒驾驶机动车，以暴力、威胁方法阻碍公安机关依法检查，又构成妨害公务罪等其他犯罪的，应实行数罪并罚。

十、破坏社会主义市场经济秩序罪

（一）生产、销售伪劣产品犯罪

1. 法条竞合

犯罪行为符合第140条生产、销售伪劣产品罪，也符合第141－148条规定的犯罪，按照重法条定罪处罚。

2. 司法解释

销售少量根据民间传统配方私自加工的药品，或者销售少量未经批准进口的国外、境外药品，没有造成他人伤害后果或者延误诊治，情节显著轻微危害不大的，不认为是犯罪。

3. 事实认识错误

（1）生产、销售假药罪与生产、销售劣药罪在生产、销售劣药罪的范围重合（要求导致严重后果）。

（2）生产、销售有毒、有害食品罪与生产、销售不符合安全标准的食品罪在生产、销售不符合安全标准的食品罪的范围重合。

（3）生产、销售伪劣产品罪与其他生产、销售伪劣产品的犯罪可能在生产、销售伪劣产品罪的范围内重合（要考虑销售金额）。

（二）走私犯罪

1. 事实认识错误

在走私普通货物、物品罪与其他走私特定对象的犯罪之间出现事实认识错误的，按照法定符合说，可能在走私普通货物、物品罪范围内认定为故意犯罪。

2. 共犯规定

与走私罪犯通谋，为其提供贷款、资金、账号、发票、证明，或者为其提供运输、保管、邮寄或者其他方便的，成立相应走私犯罪的共犯。

3. 罪数问题

（1）走私枪支的，成立走私武器罪与非法运输枪支罪，按照特殊法条走私武器罪论处；走私爆炸物的，成立走私普通货物、物品罪与非法运输爆炸物罪，属于想象竞合犯。

（2）走私犯罪后，又买卖走私品，成立其他犯罪的，应当数罪并罚；直接收购走私者走私物品的，属于间接走私，成立相应的走私犯罪。

（3）采取暴力、威胁方法抗拒缉私的，成立走私犯罪与妨害公务罪，应当数罪并罚。

（三）妨害公司、企业的管理秩序罪

1. 非国家工作人员受贿罪

（1）行为主体。即公司、企业或者其他单位的工作人员。国有公司、企业或者其他国有单位中从事公务的人员和国有公司、企业或者其他国有单位委派到非国有公司、企业以及其他单位从事公务的人员有受贿行为的，以受贿罪定罪处罚。

（2）为他人谋取利益。无论索取财物还是非法收受财物，都要求允诺为他人谋取利益（不同于受贿罪的规定），但不要求行为人实际上为他人谋取了利益。如果为他人谋取利益的行为成立其他犯罪的，除了第229条第2款的规定以外（受贿罪数罪并罚的例外规定是第399条第4款），都应当数罪并罚。

（3）商业受贿。公司、企业或者其他单位的工作人员在经济往来中，违反国家规定，收受各种名义的回扣、手续费，归个人所有的，成立本罪。对合法接受折扣、佣金的，不能认定为受贿。

2. 对非国家工作人员行贿罪

（1）行贿人被追诉前主动交代自己的行贿行为的，可

以减轻或者免除处罚。该规定属于总则自首规定的特殊法条，优先于总则规定适用。

（2）因被公司、企业或者其他单位的工作人员勒索而给予其财物，没有获得不正当利益的，应类推适用第389条第3款的规定，不认定为行贿。这属于当然解释、允许（有利于行为人）的类推解释。

（3）非国家工作人员受贿罪与对非国家工作人员行贿罪属于对向犯关系；而且与受贿罪、行贿罪并非对立关系。

例如，甲为谋取不正当利益，给予公司工作人员乙10万元钱，但事后才发现乙是国家工作人员的，乙成立受贿罪；甲属于抽象事实认识错误（客观上是行贿罪的违法行为，主观上是对非国家工作人员行贿罪的故意），按照法定符合说，成立对非国家工作人员行贿罪；甲、乙具有共犯关系。

3. 为亲友非法牟利罪，徇私舞弊低价折股、出售国有资产罪

如果该犯罪行为同时触犯贪污罪的，属于想象竞合犯，择一重罪处罚。

例如，行为主体私自将国有资产低价折股或者低价出售给自己、配偶、子女的，或者与他人串通，名义上出售给他人，实际上自己获利的，应认定为贪污罪。

（四）破坏金融管理秩序罪

1. 假币犯罪的关系

伪造货币后持有、使用自己伪造的假币的，属于吸收犯；伪造后出售、运输自己伪造的假币的，成立伪造货币罪，从重处罚；出售、运输假币又使用假币的，应当数罪

并罚。

2. 使用假币罪与诈骗罪

（1）行为人将假币当作真币在商场购物时，既使用了假币，又骗取了商品，成立使用假币罪与诈骗罪的想象竞合犯。

（2）行为人在银行柜台欺骗银行职员，将假币存入银行骗取银行债权的，同时触犯了使用假币罪与诈骗罪，属于想象竞合犯。

（3）行为人使用欺骗手段，使他人交付真币，然后以种种借口将自己持有的假币冒充真币退还给他人的，成立诈骗罪与使用假币罪的想象竞合犯。

（4）使用假币骗取他人财物的，成立使用假币罪与诈骗罪的想象竞合犯；使用变造的货币骗取他人财物的，仅成立诈骗罪。

（5）行为人将废纸等冒充假币出卖给他人的，仅成立诈骗罪，而不成立使用假币罪，也不成立出售假币罪；购买者属于不可罚的不能犯，不成立购买假币罪。

3. 非法吸收公众存款罪与集资诈骗罪、骗取贷款罪与贷款诈骗罪的关系

彼此属于法条竞合关系。如果证明行为人具有非法占有目的，则成立集资诈骗罪或者贷款诈骗罪，否则成立非法吸收公众存款罪或者骗取贷款罪。

4. 洗钱罪

（1）上游犯罪。包括“毒品犯罪、黑社会性质的组织犯罪、恐怖活动犯罪、走私犯罪、贪污贿赂犯罪、破坏金融管理秩序犯罪、金融诈骗犯罪的所得及其产生的收益”。

①上游犯罪的范围以各种上游犯罪的事实成立为认定前提，不要求罪名一定是洗钱罪上游犯罪的罪名。

②上游犯罪尚未依法裁判，但查证属实的，不影响本罪认定。

③上游犯罪事实可以确认，因行为人死亡等原因依法不予追究刑事责任的，或者因想象竞合犯、牵连犯等依法以其他罪名定罪处罚的，不影响洗钱罪认定。

（2）洗钱行为。①洗钱行为，是指任何为他人掩饰、隐瞒七种上游犯罪犯罪所得及其收益的来源和性质的行为；但自洗钱（自己为自己洗钱）的行为不成立犯罪。②洗钱行为同时成立掩饰、隐瞒犯罪所得、犯罪所得收益罪或者窝藏、转移、隐瞒毒品、毒赃罪的，属于想象竞合犯。

（3）认识错误。在七种上游犯罪的犯罪所得及其收益之间出现认识错误的，适用具体事实认识错误的处理原则，不影响洗钱罪的成立。

5. 伪造、变造金融票证罪、妨害信用卡管理罪与信用卡诈骗罪的关系

伪造、变造金融票证后进行金融诈骗的，或者以虚假身份证明骗领信用卡后加以使用，进行信用卡诈骗的，属于牵连犯，从一重罪论处。

（五）金融诈骗犯罪

1. 集资诈骗罪、贷款诈骗罪

（1）行为结构。按照行为与责任同时存在的原则，集资诈骗罪要求集资时具有非法占有目的，贷款诈骗罪要求骗取贷款时具有非法占有目的。故获取资金或者贷款后使用欺骗方法骗免债务的，仅成立诈骗罪；如果单纯逃避义务的，

不成立犯罪。

（2）非法占有目的。如果无法证明行为人具有非法占有目的，则可能成立非法吸收公众存款罪、骗取贷款罪。非法占有目的的认定，需要考虑行为人是否实施了诈骗的行为手段，取得资金、贷款后是否按资金、贷款用途使用，是否使用资金、贷款进行违法犯罪活动，是否携款潜逃，到期后是否积极准备偿还资金、贷款等。

（3）单位贷款诈骗的，按自然人贷款诈骗罪定罪处罚。

（4）罪数与共犯问题。

①行为人甲采取欺骗手段使乙为其提供担保，从而骗取金融机构贷款的，应认定为对金融机构的贷款诈骗罪（对象为贷款）与对担保人的（合同）诈骗罪（对象为财产性利益），应当数罪并罚。

②金融机构工作人员利用其管理信贷的职务便利，以假冒他人名义或者虚构姓名等方式骗取本金融机构贷款归个人占有的，认定为贪污罪或者职务侵占罪。

③一般公民与金融机构负责贷款的全部人员串通，以非法占有为目的获取贷款的，不成立贷款诈骗罪，应认定为贪污、职务侵占等罪的共同犯罪。

④一般公民与金融机构的贷款最终决定者串通，虽然可能欺骗了信贷员与部门审核人员，但作出处分行为的人并没有陷入认识错误，故不成立贷款诈骗罪，应视有无非法占有目的与行为性质，认定为贪污、职务侵占、违规发放贷款等罪的共同犯罪。

⑤一般公民与金融机构的信贷员或者部门审核人员串通，以非法占有为目的，共同欺骗分管领导等具有处分决定

权的人员，使后者产生认识错误并核准贷款的，触犯了贪污罪（或职务侵占罪）与贷款诈骗罪，属于想象竞合犯，应以重罪的共同犯罪论处。

2. 票据诈骗罪

（1）签发空头支票等，作为诈骗的手段，骗取财物的，成立票据诈骗罪。

（2）签发空头支票等不是为了骗取财物，而是为了延缓债务履行的，不成立票据诈骗罪。

（3）先骗取他人货物，事后将空白支票交付给对方的，不应认定为票据诈骗罪，只能认定为（合同）诈骗罪。

3. 信用卡诈骗罪

（1）信用卡诈骗罪必须符合诈骗罪的行为结构，故必须对人使用信用卡进行诈骗。但司法解释认为，捡拾信用卡后在 ATM 机上使用的，属于“冒用他人信用卡”，成立信用卡诈骗罪。

（2）“伪造”信用卡包括伪造和变造，“信用卡”包括由商业银行或者其他金融机构发行的具有消费支付、信用贷款、转账结算、存取现金等全部功能或者部分功能的电子支付卡（扩大解释）。

（3）伪造信用卡，或者以虚假身份证明骗领信用卡，并使用该卡进行信用卡诈骗活动的，成立伪造金融票证罪或者妨害信用卡管理罪与信用卡诈骗罪，属于牵连犯。

（4）恶意透支，是指合法持卡人以非法占有为目的，恶意透支，经发卡银行两次以上对本人直接催收，超过三个月未还，数额在 5 万元以上的情形。如果透支后产生非法占有目的而不还款的，不成立犯罪。

（5）盗窃信用卡并使用的，以盗窃罪论处。

①仅限于“盗窃”信用卡，不包括其他方式获取信用卡。

②这里的“信用卡”必须真实有效，否则不适用该规定。

③这里的“使用”仅限于使用信用卡里面记载的钱，而且是指对人使用（法律拟制），如果对机器使用，即使没有该款规定，也成立盗窃罪。这里的“使用”包括行为人与第三者使用（第三者不知道盗窃真相而使用的，区分对人、对机器使用，分别认定为信用卡诈骗罪与盗窃罪；但是，无论如何行为人都成立盗窃罪）。

4. 保险诈骗罪

（1）行为对象。骗取商业保险金。以欺诈、伪造证明材料或者其他手段骗取养老、医疗、工伤、失业、生育等社会保险金或者其他社会保障待遇的，属于《刑法》第266条规定的诈骗公私财物的行为，成立诈骗罪。

（2）保险诈骗罪的主体

①行为人必须具备投保人、被保险人或者受益人的身份，否则不成立保险诈骗罪（教唆犯、帮助犯不要求具备该身份），但可能成立诈骗罪等。

②保险公司工作人员骗取客户保费的行为，不成立保险诈骗罪，成立诈骗罪。

③保险公司工作人员利用职务之便，编造未曾发生的保险事故，骗取保险金归自己所有的，成立职务侵占罪（如果是国家工作人员的，则成立贪污罪）。

④保险事故的鉴定人、证明人、财产评估人故意提供虚

假的证明文件，为他人诈骗提供条件的，以保险诈骗罪的共犯论处（注意规定）；如果还成立提供虚假证明文件罪的，属于想象竞合犯；此外，任何为保险诈骗行为提供帮助的，都成立保险诈骗罪的共犯。

（3）保险诈骗行为。制造保险事故属于预备行为；向保险公司提出保险理赔申请，为着手；骗到保险金是既遂。制造保险事故的行为成立犯罪，之后又进行保险诈骗的，应当数罪并罚；制造保险事故后还没来得及进行保险诈骗的，成立保险诈骗罪预备与其他犯罪的想象竞合犯。

（六）逃税罪的处罚阻却事由

1. 逃税罪的行为方式

第 201 条规定的逃税罪属于不作为方式的犯罪，但第 204 条第 2 款规定的逃税罪属于作为方式的犯罪。

2. 处罚阻却事由及其例外

第 201 条第 1 款规定的纳税人逃税，经税务机关依法下达追缴通知后，补缴应纳税款，缴纳滞纳金，已受行政处罚的，不予追究刑事责任；但是，五年内因逃避缴纳税款受过刑事处罚或者被税务机关给予二次以上行政处罚的除外。该规定属于处罚阻却事由，但书部分属于处罚阻却事由的例外规定。第 204 条第 2 款规定的逃税罪类推适用上述规定。

（七）组织、领导传销活动罪

1. 行为表现

本罪实行行为是组织、领导诈骗型传销活动的行为，故参与传销的行为不成立本罪，但可能成立其他犯罪（非法经营罪）。

2. 想象竞合

组织、领导诈骗型传销活动的行为，同时触犯集资诈骗等罪的，不属于法条竞合关系，而是属于想象竞合犯，从一重罪论处。

3. 数罪并罚

犯组织、领导传销活动罪，并实施故意伤害、非法拘禁、敲诈勒索、妨害公务等犯罪行为的，应当数罪并罚。

十一、侵犯公民人身权利、民主权利罪

（一）故意杀人罪

1. 行为对象

即“人”。按照文理解释，自杀行为也属于违法行为（不负刑事责任）；按照这种理解，教唆、帮助他人自杀的，也成立故意杀人罪。

2. 法律拟制

非法拘禁使用暴力致人死亡的（第238条第2款），刑讯逼供或暴力取证致人死亡的（第247条），虐待被监管人致人死亡的（第248条第1款），聚众“打砸抢”致人死亡的（第289条），聚众斗殴致人死亡的（第292条第2款），应以故意杀人罪论处。

3. 想象竞合

（1）以放火、爆炸、投放危险物质等危险方法杀人，危害公共安全的，属于想象竞合犯，从一重罪（故意杀人罪）处罚。

（2）非法拘禁、诬告陷害、徇私枉法、劫持航空器等行为本身具有导致被害人死亡的可能性，行为人对此有认识的，成立想象竞合犯。

（3）为杀人准备条件，准备条件行为成立其他犯罪实

行行为的，则是故意杀人罪（预备）与其他犯罪的想象竞合犯；一旦着手实施杀人行为的，则应数罪并罚。

4. 结合犯

绑架杀害被绑架人的，成立绑架罪，处无期徒刑或者死刑，并处没收财产。但已满14周岁不满16周岁的未成年人绑架杀害被绑架人的，仅以故意杀人罪论处。

5. 牵连犯

为杀人而非法侵入住宅或者毁坏财物的，按照牵连犯原则处理。但为了杀人而盗窃枪支，之后实施了杀人行为的，则应数罪并罚。

6. 数罪并罚

（1）强奸过程中杀害前来阻止的第三人的，应以强奸罪与故意杀人罪并罚；而抢劫过程中杀害前来阻止的第三人的，成立抢劫（致人死亡）罪与故意杀人罪的想象竞合。

（2）强奸妇女、奸淫幼女过程中或者之后故意杀害被害人的，应以强奸罪与故意杀人罪并罚；而强奸妇女、奸淫幼女行为本身致使被害人死亡的，成立强奸罪的结果加重犯与故意伤害罪等，属于想象竞合。

（3）拐卖妇女、儿童过程中超出拐卖行为而故意杀害被害人或者被害人近亲属等，应以拐卖妇女、儿童罪与故意杀人罪并罚。而拐卖妇女、儿童行为本身造成被拐卖的妇女、儿童或者其亲属死亡的，成立拐卖妇女儿童罪的结果加重犯；如果同时成立故意杀人罪的，属于拐卖妇女、儿童罪与故意杀人罪的想象竞合犯。

（4）非法拘禁、刑讯逼供、暴力取证、虐待被监管人之后，故意杀害被害人的，应当数罪并罚。而非法拘禁行为本身过失导致被害人死亡的，成立非法拘禁罪的结果加重犯；非法拘禁之后的暴力行为导致被害人死亡的，法律拟制为故意杀人罪一罪；刑讯逼供、暴力取证、虐待被监管人行为本身导致被害人死亡的，法律拟制为故意杀人罪一罪。

7. 自杀相关行为

（1）相约自杀。二人以上相互约定自愿共同自杀的行为。

例如，甲、乙相约自杀身亡的，都不负刑事责任；甲、乙相约各自实施自杀行为，乙死亡，甲自杀未逞的，甲也不负刑事责任；甲、乙相约自杀，甲杀死乙后自杀未逞的，甲成立故意杀人罪（可从轻处罚）。

（2）引起他人自杀。行为人所实施的某种行为引起他人自杀身亡。

例如，正当行为、错误行为或者轻微违法行为引起他人自杀的，不成立犯罪；严重违法行为引起他人自杀身亡，可认为情节严重而追究刑事责任（如诽谤罪）；犯罪行为引起他人自杀身亡，如果不成立故意杀人罪，可按先前的犯罪行为定罪并从重处罚；少数结果加重犯包括自杀的，按照结果加重犯的法定刑处罚，如暴力干涉婚姻自由行为、虐待行为引起被害人自杀的。

（3）教唆或帮助自杀。当教唆、帮助（与共同犯罪中的教唆、帮助不是等同概念）自杀的行为，具有间接正犯性质时，成立故意杀人罪。

第一，欺骗不能理解死亡意义的儿童或者精神病患者等人，使其自杀的，属于故意杀人罪的间接正犯。

第二，凭借某种权势或利用某种特殊关系，以暴力、威胁或者其他心理强制方法，使他人自杀身亡的，成立故意杀人的间接正犯。

例如，组织和利用邪教组织制造、散布迷信邪说，指使、胁迫其成员或者其他人实施自杀行为的，邪教组织成员组织、策划、煽动、教唆、帮助邪教组织人员自杀的，应以故意杀人罪论处。

第三，行为人教唆自杀的行为使被害人对法益的有无、程度、情况等产生错误，其对死亡的同意无效时，也应认定为故意杀人罪。

第四，对自杀者具有救助义务的人故意不救助被害人的，可能成立不作为的故意杀人罪。

（二）故意伤害罪

1. 行为对象

即他人身体。伤害自己身体的，不成立故意伤害罪；教唆、帮助他人伤害其身体的，不成立教唆犯、帮助犯。但行为人为了逃避军事义务，在战时自伤身体的，以《刑法》第434条战时自伤罪论处；教唆、帮助他人战时自伤的，成立教唆犯、帮助犯。

2. 罪过形式

故意犯罪，即要求行为人对伤害结果具有认识，并持有希望或者放任的态度。殴打的意思不属于伤害的故意，故殴打他人却导致他人重伤或者死亡的，不成立故意伤害（致人重伤或者死亡）罪，但可能成立过失致人重伤罪或者过失致人死亡罪（对重伤或者死亡结果存在过失）。

3. 法律拟制

非法拘禁使用暴力致人伤残的（第238条第2款），刑讯逼供或暴力取证致人伤残的（第247条），虐待被监管人致人伤残的（第248条第1款），聚众“打砸抢”致人伤残的（第289条），聚众斗殴致人重伤的（第292条第2款），非法组织或强迫他人出卖血液造成伤害（要求重伤以上结果）的（第333条第2款），以故意伤害罪论处。

4. 加重情节

（1）“致人重伤的”，要求发生重伤的结果。包括两种情形，一是行为人具有轻伤故意，但过失造成重伤的；二是行为人具有重伤的故意，并造成了重伤结果。

（2）“致人死亡的”，属于典型的结果加重犯。客观上要求伤害行为与死亡结果之间具有直接性因果关系，即要么是伤害行为直接造成死亡结果，要么是伤害行为造成了伤害结果，进而由伤害结果引起死亡；主观上要求行为人对死亡具有预见可能性。如果行为人不存在预见的可能，则死亡结果属于意外事件；当然，死亡结果发生的对象，不要求与故意伤害的对象具有同一性。

（3）“以特别残忍手段致人重伤造成严重残疾的”。特别残忍手段、致人重伤、造成严重残疾三个条件，必须同时具备。如果行为人出于杀人故意以特别残忍的手段杀人但没有造成死亡结果，只是致人重伤造成严重残疾的，属于故意杀人罪未遂与本项犯罪的想象竞合犯，适用本项规定的法定刑处罚，不再适用未遂犯的处罚规定。

5. 故意杀人罪与故意伤害罪的关系

（1）关于故意杀人罪与故意伤害罪的关系，刑法理论存在两种学说：学说一，又称对立理论，认为杀人行为不包含伤害行为，杀人故意排除伤害故意；学说二，又称单一理论，认为杀人行为必然包含伤害行为，杀人故意必然包含伤害故意。

单一理论具有合理性，属于刑法理论的通说，因为任何杀人既遂都必然经过了伤害过程，任何杀人未遂也必然造成了伤害结果或者具有造成伤害结果的危险性。由于杀人包含伤害，杀人既遂与伤害是特别关系的法条竞合，所以，对于故意杀人既遂的，适用故意杀人罪的规定，而不适用故意伤害致死的规定。

【观点展示】 甲先以伤害故意、后以杀人故意对王某实施暴力行为，不能查清楚是前行为还是后行为导致王某死亡。根据学说一，甲对王某的死亡不负刑事责任；根据学说二，甲至少成立故意伤害（致死）罪。

（2）想象竞合。当其他犯罪结果加重犯有故意伤害、故意杀人、过失致人重伤、过失致人死亡内容的，观点一认为，属于法条竞合，适用其他犯罪的结果加重犯论处；观点二认为，属于一行为触犯数罪名的想象竞合，从一重罪论处。

【观点展示】 甲为抢劫乙的财物而将乙杀死的：按照观点一，甲成立抢劫（致人死亡）罪与故意杀人罪既遂，二者属于法条竞合，以特殊法条抢劫（致人死亡）罪论处；按照观点二，甲成立抢劫（致人死亡）罪与故意杀人罪既遂，二者属于想象竞合犯，择一重罪论处。

（三）组织出卖人体器官罪

1. 组织他人出卖人体器官

其中“组织”，是指经营人体器官的出卖或者以招募、雇佣（供养器官提供）、介绍、引诱等手段使他人出卖人体器官的行为。其中“人体器官”，是指丧失后会侵害被害人的身体健康的人体组织，而且必须是活体的器官，而不包括尸体的器官。其中“他人”，即被组织者，包括任何他人，属于组织出卖人体器官罪的被害人，其不可能成立本罪的共犯。

第一，组织他人捐献人体器官的行为，不成立本罪；强迫、欺骗他人捐献器官的，成立故意伤害罪或者故意杀人罪；使用强迫、欺骗手段组织他人出卖人体器官的，同时触犯本罪与故意杀人罪或者故意伤害罪，属于狭义的包括一罪，从一重罪论处。

第二，出卖者直接将自己的器官出卖给他人的，不成立本罪；单纯购买人体器官的行为，也不成立犯罪；为了购买而组织他人出卖的，成立本罪；出卖者因器官价格被欺骗的，行为人仍然成立本罪。

第三，只要对被摘取人体器官的出卖者的身体达到了伤害程度，就成立本罪的既遂，而不要求必须将人体器官卖出才成立既遂。

2. 责任形式

故意犯罪，不要求牟利目的。

3. 故意伤害罪、故意杀人罪

未经本人同意摘取其器官，或者摘取不满 18 周岁的未成年人的器官，或者强迫、欺骗他人捐献器官的，依照故意伤害罪、故意杀人罪定罪处罚。

4. 盗窃、侮辱、故意毁坏尸体罪

违背本人生前意愿摘取其尸体器官，或者本人生前未表示同意，违反国家规定，违背其近亲属意愿摘取其尸体器官的，依照盗窃、侮辱、故意毁坏尸体罪定罪处罚。

（四）强奸罪

1. 二人以上轮奸

属于加重情节，其成立不要求强奸主体均达到法定年龄和具有责任能力；存在片面的轮奸；轮奸属于加重构成要件，不属于量刑规则，故存在轮奸未遂；轮奸的犯罪分子也可能属于从犯。

2. 致使被害人重伤、死亡或者造成其他严重后果的

属于结果加重犯与量刑规则。其中“被害人”仅限于被害妇女；“重伤、死亡”必须是强奸的基本行为（包含手段行为与目的行为）导致重伤、死亡；其中“其他严重后果”，属于量刑规则，按同类解释规则，包括被害妇女自杀、精神失常等。

3. 罪数问题

拐卖妇女、儿童又强奸被拐卖妇女的，成立拐卖妇女、儿童罪的结合犯，属于特殊法条；虽然同时触犯强奸罪，但不得数罪并罚，也不属于想象竞合犯。但已满 14 不满 16 周岁的人实施上述行为的，仅以强奸罪论处。

（五）非法拘禁罪

1. 危害行为

非法拘禁他人或者以其他方法非法剥夺他人人身自由。

2. 责任形式

故意犯罪，不要求特定目的。如果以非法绑架、扣留他人的方法勒索财物的，成立绑架罪；如果以出卖为目的非法绑架妇女、儿童的，成立拐卖妇女、儿童罪；如果收买被拐卖的妇女、儿童后，非法剥夺其人身自由的，数罪并罚。

3. 从重处罚情节

（1）具有殴打、侮辱情节的，从重处罚。如果行为人

非法拘禁他人，使用暴力致人伤残、死亡的，则不能适用“具有殴打情节的，从重处罚”的规定。如果具有暴力侮辱情节，也不能适用“具有侮辱情节的，从重处罚”的规定，否则违反了禁止重复评价的原则；如果侮辱行为表现为暴力以外的其他方式，则应适用“具有侮辱情节的，从重处罚”的规定。

（2）国家机关工作人员利用职权犯非法拘禁罪的，依照相关规定从重处罚。

4. 结果加重犯

非法拘禁行为致人重伤或者致人死亡的，属于非法拘禁罪的结果加重犯。其成立要求非法拘禁行为本身致被害人重伤、死亡，客观上重伤、死亡结果与非法拘禁行为之间必须具有直接的因果关系，主观上行为人对重伤、死亡结果必须具有预见可能性。

5. 法律拟制

非法拘禁使用暴力致人伤残、死亡的，按照故意伤害罪或故意杀人罪定罪处罚。这属于法律拟制，而非注意规定。只要非法拘禁的行为人使用超出非法拘禁以外的暴力致人伤残、死亡的，即使其没有伤害、杀人的故意，也应认定为故意伤害罪、故意杀人罪。当然，行为人对伤残、死亡必须具有预见可能性（过失）。

6. 数罪并罚

在非法拘禁的过程中，行为人故意使用暴力伤害、杀害被害人的，按照非法拘禁罪与故意伤害罪或者故意杀人罪数罪并罚。

7. 特别规定

为索取债务非法扣押、拘禁他人的，不成立抢劫罪、绑架罪，应适用《刑法》第238条第1、2款的规定。

（1）“为索取债务”，即行为人必须是为了索取债务。按照相关司法解释，“债务”包括高利贷、赌债等法律不予保护的债务，但必须是双方都认可的债务，而非单方主张的债务。

（2）“非法扣押、拘禁”，即行为人实施了非法扣押、拘禁的行为。

第一，如果行为人为索取合法债务，而非法扣押、拘禁他人的，成立非法拘禁罪。如果以杀害、重大伤害相威胁索取合法债务，无论针对本人还是其家属，仅成立非法拘禁罪。

第二，如果为索取法律不予保护的债务，而非法扣押、拘禁他人，但不以杀害、伤害等相威胁，声称只要还债便放人的，也成立非法拘禁罪。如果以杀害、重大伤害相威胁索取赌债等非法债务，针对本人实施的，不成立抢劫罪，仅成立非法拘禁罪；如果针对其家属等第三者实施的，可能成立绑架罪。

第三，如果以杀害、重大伤害相威胁索取单方面主张的债务，针对本人实施压制反抗强行取财的，成立抢劫罪；针对其家属等第三者实施的，成立绑架罪。

（3）“他人”，包括债务人本人，以及与债务人有共同财产关系、扶养、抚养关系的第三者。故意制造骗局使他人欠债，然后以索债为由扣押被害人作为人质，要求被害人近亲属偿还债务的，成立绑架罪。

（六）绑架罪

1. 行为对象

即任何他人。如果行为人谎称自己被绑架而向家人勒索财物的，不成立绑架罪，成立诈骗罪和敲诈勒索罪的想象竞合犯。

2. 绑架行为

即使用暴力、胁迫或者麻醉方法控制被害人（达到压制他人反抗的程度），使被害人处于行为人或第三者的实力支配下的行为。绑架不要求使被害人离开原来的生活场所。

（1）犯罪形态。只要行为人开始实施以实力控制他人的行为，就是绑架罪的着手；一旦以实力控制他人，绑架罪就已经既遂。少数说观点认为，只有勒索到财物，或者致使被害人的家属产生恐惧心理，才是既遂。

（2）继续犯。绑架既遂之后，绑架行为仍持续存在，他人以共犯意思参与绑架行为本身的，成立绑架罪的共犯。

（3）如果没有实力控制他人而谎称实力控制以勒索财物的，成立诈骗罪与敲诈勒索罪的想象竞合犯。

（4）法条竞合。绑架行为本身包含非法拘禁的行为（或者说绑架行为可以评价为非法拘禁的行为），故成立绑架罪的，不再认定为非法拘禁罪。

例如，甲（15 周岁）绑架乙后，使用暴力致使乙死亡，但甲既无杀人故意也无伤害故意的，根据《刑法》第 238 条的规定，应当认定甲的行为属于非法拘禁使用暴力致人死亡，成立故意杀人罪。

3. 罪过形式

绑架罪属于故意犯罪，要求以勒索财物为目的或者以提出其他不法要求为目的，并有利用被害人家属对被害人人身安危的担忧的意思。

（1）主观的超过要素。该目的只要存在于行为人内心即可，绑架罪的成立或者既遂与该目的是否实现无关。即只要行为人具有该目的，即使客观上没有对被绑架人的近亲属或其他人勒索财物或提出其他不法要求，也成立绑架罪，而且不要求被害人家属实际产生担忧，只要行为人控制被害人时具有利用意思即可。当然，行为人向被绑架人的近亲属或其他人勒索财物或提出了其他不法要求，成立其他犯罪的，一般认定为牵连犯。

（2）如果绑架他人是为了直接向被绑架人索取财物，可能构成抢劫罪。如果行为人出于其他目的、动机以实力支配他人后，才产生勒索财物意图进而勒索财物的，成立绑架罪。

（3）如果行为人以实力控制被害人后，让被害人告知其近亲属自己被绑架的事实，无论被害人是否告知其近亲属真相的，行为人都成立绑架罪。如果行为人以实力控制被害人后，让被害人隐瞒被控制的事实向亲属打电话索要财物的，不成立绑架罪，可能成立抢劫、非法拘禁等罪。

4. 结合犯

犯绑架罪，杀害被绑架人的，或者故意伤害被绑架人，致人重伤、死亡的，处无期徒刑或者死刑，并处没收财产。

（1）犯绑架罪，故意伤害被绑架人，致使其重伤、死亡的，属于结合犯，不存在未遂的问题；如果致使其轻伤的，应当数罪并罚。

（2）绑架行为既遂后故意杀害被绑架人的，或者绑架未遂行为故意致使被绑架人死亡的（为绑架被害人，故意实施足以致使其死亡的行为，并致其死亡的），都属于“绑架杀害被绑架人”的结合犯。

【观点展示】绑架杀害被绑架人未遂。

观点一，成立“绑架杀害被绑架人”的情形，不适用未遂的规定。该观点明显不合理。

观点二，成立“绑架杀害被绑架人”的情形，同时适用未遂的规定。虽然该观点结论具有一定合理性，但不适应现行刑法的规定。

观点三，成立“绑架杀害被绑架人”的情形，要求杀害被绑架人既遂。即犯绑架罪，故意杀害被绑架人的，要求被绑架人死亡。具体来说，包含以下处理意见：

第一，如果因意志以外的原因，仅导致被绑架人轻伤的，成立绑架罪与故意杀人罪（未遂），数罪并罚。

第二，如果因意志以外的原因仅导致被绑架人重伤的，由于故意杀人罪与故意伤害罪之间属于法条竞合关系，其行为属于“犯绑架罪，故意伤害致使被绑架人重伤”的结合犯，以绑架罪一罪论处。

第三，如果因意志以内的原因未导致被害人死亡，仅导致被害人重伤的，其行为成立绑架罪，属于“犯绑架罪，故意伤害致人重伤”的结合犯；同时，考虑到中止杀人行为，可以酌情从宽处罚；如果仅导致轻伤或者连轻伤都不存在的，则成立绑架罪与故意杀人罪中止，数罪并罚。

第三种观点具有合理性。一方面，可以和“绑架故意伤害被绑架人致使其重伤或者死亡”的情形做到罪刑相适应；另一方面，有利于合理解决绑架杀人中止的问题。而且从字面理解来看，法条适用“杀害”而非“杀人”也表明其不包含未遂的情形。

5. 罪数问题

(1) 数罪并罚。绑架既遂后在绑架行为持续进行中又独立于绑架行为之外，对被绑架人实施强奸、强制猥亵、侮辱、抢劫、盗窃等其他犯罪行为，应以绑架罪与其他犯罪数罪并罚。

（2）绑架罪与非法拘禁罪。行为人为索取债务而将他人作为人质，所索取的数额明显超出债务数额的，或者为索取债务而将他人作为人质，同时提出其他不法要求的，属于绑架罪与非法拘禁罪的想象竞合，从一重罪论处。

（3）绑架罪与敲诈勒索罪、抢劫罪。如果行为人绑架他人后勒索了数额较大的财物，同时符合敲诈勒索罪的构成要件的，属于牵连犯，从一重罪论处，不能数罪并罚。如果绑架后对第三者的行为超出了勒索的程度而另构成抢劫罪的，应当数罪并罚；如果绑架行为同时触犯抢劫罪的，属于想象竞合犯。

例如，甲将路人乙女的孩子突然抱起，将刀架在孩子的脖子上，威胁乙女交付财物，否则杀害孩子的，甲成立绑架罪与抢劫罪，属于想象竞合犯，从一重罪论处。

（4）绑架罪与拐卖儿童罪、拐骗儿童罪。以勒索财物为目的偷盗婴幼儿的，成立绑架罪；以出卖为目的偷盗婴幼儿的，成立拐卖儿童罪；无法证明这两个目的的，成立拐骗儿童罪。

（七）拐卖妇女、儿童罪与收买被拐卖的妇女、儿童罪

1. 法条竞合

如果行为人以出卖为目的收买被拐卖的妇女、儿童，成立拐卖妇女、儿童罪；否则，成立收买被拐卖的妇女、儿童罪。

2. 行为定型

行为人为了收买妇女、儿童，而教唆或者帮助他人拐卖

妇女、儿童（超出了收买行为的范围），然后又收买了该被拐卖的妇女、儿童的，构成拐卖妇女、儿童罪的共犯与收买被拐卖的妇女、儿童罪，应当数罪并罚。

例如，甲得知乙是人贩子，想到自己的表弟丙没有妻子，便对乙说："你下次弄到人后我给你联系卖。"后乙两次拐卖妇女，将第二次拐骗的妇女带到甲家，甲与其表弟丙将该女买下给丙做妻子。在本案中，由于甲的行为并没有超出收买的范围，故不应认定为拐卖妇女罪的共犯。

3. 加重情节

（1）在拐卖妇女、儿童过程中奸淫被拐卖的妇女（包括女童）的，成立拐卖妇女、儿童罪的加重情节；如果强制猥亵、侮辱妇女或者猥亵儿童的，应当数罪并罚。但如果收买被拐卖的妇女、儿童后，强奸被收买的妇女、强制猥亵、侮辱妇女或者猥亵儿童的，应当数罪并罚。

（2）造成被拐卖的妇女、儿童或者其亲属重伤、死亡或者其他严重后果的，属于加重情节，是指由于犯罪分子拐卖妇女、儿童的行为，直接、间接造成被拐卖的妇女、儿童或者其亲属重伤、死亡或者其他严重后果的。同时成立故意伤害罪或者故意杀人罪的，属于想象竞合犯。

4. 法律拟制

收买被拐卖的妇女、儿童又出卖的，以拐卖妇女、儿童罪论处。

（1）其中的"收买"指不具有（或无法证明）出卖目的的收买，即收买被拐卖的妇女、儿童罪中的收买，不同于第240条拐卖妇女、儿童罪中的"收买"（具有出卖目的）。

（2）如果行为人收买被拐卖的妇女、儿童后，对其实施了强奸、非法拘禁、引诱卖淫等行为，后来又将其出卖的，仅成立拐卖妇女、儿童罪，不能数罪并罚，因为拐卖妇女、儿童罪的行为包括了非法拘禁行为，法定刑升格情节中包括了强奸、引诱卖淫等行为。

（3）如果行为人在收买被拐卖的妇女、儿童后实施了拐卖妇女、儿童罪不能包含的其他犯罪行为（如故意伤害、强制猥亵、侮辱等行为），即使又出卖的，也应认定为拐卖妇女、儿童罪与故意伤害罪等罪，数罪并罚。

（八）刑讯逼供罪、暴力取证罪与虐待被监管人罪

刑讯逼供、暴力取证、虐待被监管人致人伤残、死亡的，以故意伤害罪、故意杀人罪从重处罚。

十二、侵犯财产罪

（一）财产犯罪的结构

判断财产犯罪，应当遵循以下思路：

1. 拒不支付劳动报酬罪

如果行为人能支付而不支付应当支付的劳动报酬，并经政府有关部门责令支付仍不支付的，成立拒不支付劳动报酬罪。

2. 故意毁坏财物罪

如果行为人的行为侵犯了他人财产的经济价值，但不能证明行为人具有非法占有目的，即行为人不具有排除意思和利用意思的，则行为人要么无罪，要么仅成立故意毁坏财物罪。

3. 侵占罪

如果行为人侵犯他人财产，而且具有非法占有的目的，

即具有排除意思和利用意思，但行为人的行为不构成盗窃罪等转移占有类型的犯罪，则成立侵占罪。

4. 夺取型犯罪

如果行为人以非法占有目的，完全违反财物占有者的意志，转移财物占有，建立起新的占有关系的，成立转移占有类型的犯罪：如果属于压制反抗、强行取财的，成立抢劫罪；如果直接夺取他人紧密占有的财物，具有导致他人伤亡可能性的，成立抢夺罪；如果不成立抢劫罪和抢夺罪的，成立盗窃罪。

5. 基于瑕疵取得对方占有财物的犯罪

如果行为人实施欺骗行为，或者恐吓行为，使得对方陷入处分财产的错误认识或者恐惧心理，并基于该错误认识或者恐惧心理而处分财产，行为人取得财产，被害人遭受财产损失的，成立诈骗罪或者敲诈勒索罪。如果行为同时符合诈骗罪和敲诈勒索罪构成要件的，属于想象竞合犯。

6. 利用职务之便的财产犯罪

如果行为人利用自己在公司、企业或者其他单位主管、管理、经营、经手单位财物或者资金的便利，将其据为己有或者挪用资金归个人使用的，则成立职务侵占罪或者挪用资金罪。单位挪用特定款物的，成立挪用特定款物罪；如果挪作个人使用的，成立挪用公款罪，从重处罚。

（二）故意毁坏财物罪

关于故意毁坏财物罪中的“毁坏”的含义，在刑法理论上存在不同学说。

1. 物质的毁弃说（物理的毁弃说）

从物质上（物理上）破坏、毁损财物的一部或者全部，因而侵害财物本来的效用的行为，才是毁坏。因为毁弃、损坏概念的本来含义，不在于有形的作用、有形力的行使这种手段、方法自身的有形，而在于通过这样的方法物质性地破坏、毁损财物的全部或者部分，从而造成侵害财物的效用的结果。这种观点不当缩小了处罚范围。

2. 效用侵害说

凡是有害财物的效用的行为，都属于毁坏。因为故意毁坏财物罪的核心就是损害财物的效用，财物的效用的减失与财物的物质性的破坏，在反价值性上是完全等同的，都是导致财物不能使用。其中一般的效用侵害说认为，有损财物的效用的一切行为，都是毁坏；本来的用法侵害说认为，毁坏是指物质性地损害财物的全体或者一部，或者使物达到不能遵从其本来的用法进行使用的状态的行为。

主流观点为一般的效用侵害说。按照该观点，财物效用的丧失或者减少不仅包括财物本身的丧失以及被害人对财物占有的丧失，而且包括物理上、客观上或者心理上、感情上的缘故而导致财物的效用丧失或减少的情形。

例如，单纯藏匿他人财物的，使他人鱼池的鱼游失的，将他人的戒指扔入海中的，低价抛售他人股票的，向他人的美术作品泼洒脏物的，涂黑他人的广告牌内容的，将粪便投入他人餐具从而使他人不再使用餐具的，属于“毁坏财物”。

再如，甲意图将乙的电视机抱到院子里摔坏，但刚将电视机抱起，电视机滑落在地被摔坏，成立故意毁坏财物罪既遂（犯罪构成的提前实现）。甲意图将乙的电视机抱到院子里摔坏，刚出乙的家门，甲发现乙回家，赶紧将电视机抱到自己家单纯予以放置，事后案发的，成立故意毁坏财物罪既遂。甲意图将乙的电视机抱到院子里摔坏，刚出乙的家门，甲发现乙回家，赶紧将电视机抱到自己家，事后予以积极利用的，成立侵占罪，之前故意毁坏财物的行为属于不可罚的事前行为。

（三）侵占不法占有他人所有财物的定性

普通侵占罪的对象为代为保管的他人财物，即行为人受委托占有的他人所有的财物。

【观点展示】基于不法原因而委托给付的财物，能否成为侵占罪的对象？刑法理论上存在不同观点。

肯定说认为，虽然被害人在民法上没有返还请求权，但并没有因此丧失财物的所有权，相对于行为人而言，该财物仍然属于“自己占有的他人财物”；即使上述委托关系在民法上不受保护，也不影响侵占罪的成立。

否定说认为，被害人对该财物没有权利请求返还，故可以认为该财物所有权已经不属于被害人，而且该财物也不能认为属于国家所有，因此，行为人没有将“他人财物”据为己有；如果将行为人的行为认定为犯罪，则破坏了法秩序的统一性，违反了刑法的谦抑性；侵占罪不只是侵犯财产，还有破坏委托信任关系的一面，而被害人的委托与行为人的收受之间，并不存在法律上的委托信任关系。

（四）死者的占有

关于死者的占有，存在以下情况：

第一，行为人以抢劫故意杀害他人后，当场取得他人财物的，成立抢劫罪。

第二，行为人出于其他目的在他人家中杀害被害人后，临时起意取走财物的，成立盗窃罪，与故意杀人罪并罚。

第三，行为人出于其他目的杀害他人后，行为人事后取走死者身上财物的，或者无关的第三者从死者身上取得财物的，属于针对遗忘物的侵占罪。

第四，行为人出于其他目的杀害他人后，临时起意取走死者身上财物的，存在盗窃罪与侵占罪的分歧。

【观点展示】行为人出于其他目的杀害他人后，临时起意取走死者身上财物的，存在盗窃罪与侵占罪的分歧。

盗窃罪说。其论证思路存在以下不同角度。第一，死者占有肯定说，即被害人死后对财物的占有继续进行，对行为人利用被害人死亡的状态取得财物的连串行为，应作整体把握，故拿走死者财物的行为成立盗窃罪。第二，死者的生前占有说，即死者生前的占有在其死亡不久之际还在延续，杀人者临时起意夺取财物的行为就是侵害占有的行为，成立盗窃罪。但要符合以下条件：取得财物者就是先前侵害被害人的行为人；取得财物的行为与先前的侵害行为时间间隔极短，几乎同时存在；取得财物与先前的侵害行为几乎在同一场所。周光权教授主张该观点。第三，继承人占有说，即继承人自动占有了死者身上的财物，故行为人临时起意拿走死者身上的财物，或者事后回到现场拿走财物，抑或第三者经过现场拿走财物的，都成立盗窃罪。

侵占罪说。死者占有否定说，即占有是“人”的占有，占有主体死亡，其对财物的占有自动消失；但该财物自动转归死者继承人所有（非占有），属于遗忘物，故无论是杀人者临时起意拿走财物，还是事后回到现场拿走财物，抑或第三者路过拾取死者身上财物的，都成立侵占罪。

（五）盗窃罪与侵占罪的关系

1. 侵占罪与盗窃罪的区别

二者区别的关键在于行为人侵犯财产时财物究竟由谁占有、是否脱离占有。盗窃罪只能是盗窃他人占有的财物，对自己占有的财物不可能成立盗窃罪；委托物侵占只能是侵占自己占有的他人财物，侵占脱离占有物只能是侵占遗忘物或者埋藏物。

2. 盗窃罪与侵占罪不是绝对对立的关系

因为“遗忘物”“埋藏物”只是表面的构成要件要素，不为违法性提供依据，而是为了区分盗窃罪与侵占罪。因此，误将他人占有的财物当作遗忘物非法据为己有的，客观上符合盗窃罪的构成要件，主观上具有侵占的故意，属于抽象的事实认识错误，应成立侵占罪。

（六）抢夺罪与盗窃罪的关系

【观点展示】关于盗窃罪与抢夺罪的关系，刑法理论存在不同观点。

观点一（传统观点）认为，抢夺罪与盗窃罪是对立关系。即抢夺罪要求乘人不备、公然夺取他人财物，而盗窃罪要求秘密窃取他人财物，故凡是公然非法获取他人财物的，不成立盗窃罪，而成立抢夺罪（或者抢劫罪）。

观点二认为，抢夺罪与盗窃罪并不是非此即彼的对立关系，抢夺行为都符合盗窃行为的特征，但盗窃行为不一定符合抢夺行为的特征，即二者是特别关系，抢夺罪是特殊法条，盗窃罪是普通法条。对于违背对方意志取得对方占有的财物的犯罪，究竟成立抢劫罪、抢夺罪还是盗窃罪，按照以下思路分析：如果能评价为“压制反抗、强行取得财物”

的，则成立抢劫罪；否则，再判断是否属于“直接夺取他人紧密占有的财物、具有导致伤亡的可能性”的，如果得出肯定结论，就成立抢夺罪，否则，就成立盗窃罪。故盗窃罪是违背对方意志取得财物类型犯罪的兜底罪名。

如果采取传统观点，认为只要公然取财就成立抢夺罪而不成立盗窃罪的话，会得出以下结论：如果行为人正好带着凶器，则属于“携带凶器抢夺的”，成立抢劫罪，这种理解难以认定符合立法精神；如果公然取走他人紧密占有的财物，或者入户公然取走财物，数额不满500元的，由于抢夺行为未达到数额较大的标准，则难以认定为犯罪；但如果认定为盗窃行为，则对其至少可以认定为“扒窃”“入户盗窃”类型的盗窃罪，可以防止处罚的空隙。

（七）抢劫罪

1. 行为结构

“压制反抗、强行取财”，即行为人以暴力、胁迫或者其他方法压制被害人的反抗，强行破坏被害人与财物之间的占有关系，进而夺取财物。

2. 法律拟制

（1）携带凶器抢夺的，以抢劫罪定罪处罚。这种情形适用于已满14周岁未满16周岁的未成年人。

（2）在实行聚众“打砸抢”行为过程中，毁坏或者抢走公私财物的，对首要分子应认定为抢劫罪。这种情形适用于已满14周岁未满16周岁的未成年人。

（3）事后抢劫。又称准抢劫（传统理论称之为转化型抢劫），是指犯盗窃、诈骗、抢夺罪，为窝藏赃物、抗拒抓捕或者毁灭罪证而当场使用暴力或者以暴力相威胁的行为。

①前提行为："犯盗窃、诈骗、抢夺罪"。

第一，只要行为人着手实行的盗窃、诈骗、抢夺行为（不包括预备行为），具有取得数额较大财物的危险性，行为人主观上具有盗窃、诈骗、抢夺数额较大财物的故意，不管是既遂还是未遂，无论所取得的财物数额大小，在共犯中不管是实行犯还是教唆犯、帮助犯，都符合"犯盗窃、诈骗、抢夺罪"的条件。多次盗窃、入户盗窃、携带凶器盗窃、扒窃的情形不需要取得数额较大财物的危险性，但要求有成立犯罪的可能。

第二，这里的"盗窃、诈骗、抢夺罪"仅限于第264条的盗窃罪、第266条的诈骗罪、第267条的抢夺罪，但特殊类型的盗窃、诈骗、抢夺的犯罪事实可能符合这里"盗窃、诈骗、抢夺罪"的犯罪构成，一般的抢劫行为也符合盗窃罪的犯罪构成。

【观点展示】普通抢劫是否符合"犯盗窃、诈骗、抢夺罪"？

观点一认为，普通抢劫不符合"犯盗窃、诈骗、抢夺罪"条件，抢劫财物后为窝藏赃物、抗拒抓捕或者毁灭罪证而当场使用暴力或者以暴力相威胁的行为，不成立事后抢劫。

观点二认为，抢劫与盗窃、抢夺不是对立关系，而是更严重的"盗窃"（当然解释），故抢劫财物后为窝藏赃物、抗拒抓捕或者毁灭罪证而当场使用暴力或者以暴力相威胁的行为，成立事后抢劫。

第三，携带凶器抢夺，为窝藏赃物、抗拒抓捕或者毁灭罪证，而当场使用凶器致人重伤、死亡的，既可能仅评价为一个加重的事后抢劫（携带凶器抢夺也可以仅评价为抢夺），也可能评价为抢劫罪（携带凶器抢夺的普通抢劫）与故意杀人罪或故意伤害罪，原则上应数罪并罚。但是，如果评价为一个加重的事后抢劫处罚更重的，则应评价为一个加重的事后抢劫。

第四，“犯盗窃、诈骗、抢夺罪”的行为主体是否必须已满16周岁，存在理论分歧。

【观点展示】“犯盗窃、诈骗、抢夺罪”的行为主体是否必须已满16周岁？

否定说（司法解释的立场）认为，已满14周岁不满16周岁的人盗窃、诈骗、抢夺他人财物，为窝藏赃物、抗拒抓捕或者毁灭罪证，当场使用暴力，故意伤害致人重伤或者死亡，或者故意杀人的，应当分别以故意伤害罪或者故意杀人罪定罪处罚。

肯定说（刑法理论主流观点）认为，已满14周岁不满16周岁的人应当对事后抢劫承担刑事责任。事后抢劫与普通抢劫具有等质性，事后抢劫属于抢劫罪的一种类型，既然《刑法》第17条规定已满14周岁不满16周岁的人应当对抢劫罪负刑事责任，当然就应对事后抢劫负刑事责任。

②客观行为：“当场使用暴力或者以暴力相威胁”。

第一，“当场”具体表现为：行为人实施盗窃、诈骗、抢夺行为的现场以及被人追捕的整个过程与现场。实施欺骗行为的当场，以及取得财物（被害人交付财物）的当场，行为人出于窝藏赃物等目的实施暴力或者胁迫行为的，成立事后抢劫罪。

下列情形不应当认定为“当场”：行为人实施盗窃等行为后，离开现场一段时间后，基于其他原因再回到盗窃等行为现场时，被警察、被害人等发现的；行为人实施盗窃等行为后，离开现场一定距离，基于其他原因偶然被警察或者被害人等发现的；行为人实施盗窃等行为，当场被人发现因而被追捕，在行为人摆脱追捕后，又被偶然发现的。

第二，“暴力或者以暴力相威胁”：等同于普通抢劫的“暴力”“胁迫”手段。

暴力、威胁的程度，要求足以压制被害人的反抗。但单纯持所盗窃的刀具等逃窜，或者单纯持原本持有的凶器逃跑的，不属于“以暴力相威胁”。

暴力、威胁的对象，必须是“他人”。一方面，暴力或者以暴力相威胁的对象只能是“人”，而不能是财物。另一方面，暴力或者以暴力相威胁的对象必须是其他人，不能是行为人自己。如果行为人犯盗窃等罪后，虽然出于窝藏赃物等目的威胁他人，但如果并没有特定的威胁对象时，不应认定为事后抢劫罪。

③主观目的：“为了窝藏赃物、抗拒抓捕或者毁灭罪证”。目的是否实现不影响事后抢劫罪的成立与既遂的认定。

第一，如果行为人在实行盗窃、诈骗、抢夺过程中，尚未取得财物时被他人发现，为了非法取得财物，而使用暴力或者以暴力相威胁的，应直接适用《刑法》第 263 条认定为普通抢劫罪，而不适用《刑法》第 269 条。

第二，如果行为人为了迫使他人不对自己实施抓捕等行为，以加害自己（如自杀、自伤）相通告的，不成立事后抢劫。

第三，成立事后抢劫，不要求行为人使用暴力或者以暴力相威胁时必须具有非法占有目的。

第四，“窝藏赃物”中的“赃物”与先前所取得的“赃物”必须具有同一性。如果行为人先前仅盗窃了甲财物，为窝藏乙财物而当场实施暴力或者胁迫行为的，不成立事后抢劫罪。

第五，“毁灭罪证”是指妨碍证据显现、使证据的证明价值减少或者消灭的一切行为。

【观点展示】行为人犯盗窃等罪后，当场为了灭口而杀害被害人的，是否成立事后抢劫罪？

观点一认为，行为人杀害被害人的行为不属于毁灭罪证的行为，不成立事后抢劫罪，而是成立盗窃罪与故意杀人罪，应当数罪并罚。

观点二认为，行为人为灭口实施的杀人行为，属于毁灭罪证的行为，成立事后抢劫罪，同时触犯了故意杀人罪，属于想象竞合犯，由于抢劫致人死亡的法定刑重于故意杀人罪（主刑法定刑一致，但抢劫罪“并处罚金或者没收财产”），故对该行为应以事后抢劫罪论处。

注意：行为人抢劫后为灭口而杀害被害人的，司法解释认为行为人成立抢劫罪与故意杀人罪，应当数罪并罚。

3. 关联犯罪

（1）抢劫罪与故意杀人罪。

第一，行为人为劫取财物而预谋故意杀人，或者在劫取财物过程中，为制服被害人反抗而故意杀人的，以抢劫罪与故意杀人罪的想象竞合犯论处。

第二，行为人抢劫后为灭口而杀害被害人的，成立抢劫罪与故意杀人罪，应当数罪并罚。

第三，因其他原因故意实施杀人行为致人死亡，然后产生非法占有财物的意图，进而取得财物的，根据财物是否属于他人占有，成立故意杀人罪与盗窃罪或者侵占罪，应当数罪并罚。

（2）抢劫罪与绑架罪。绑架罪只能是向被绑架人的近亲属或者其他有关人勒索财物，抢劫罪是直接迫使被绑架人交付财物，而不是向第三者勒索财物。

第一，行为人使用暴力、胁迫手段非法扣押被害人或者迫使被害人离开日常生活处所后，仍然向该被害人勒索财物的，成立抢劫罪。如果行为人控制被害人，向在场的第三人索要财物的，成立抢劫罪（针对第三人）与绑架罪（被害人）的想象竞合犯。

第二，在行为人控制被害人索要财物的情形下，究竟成立绑架罪还是抢劫罪，不以实际谁交付财物为准，而是以行为人控制被害人时打算向谁索要财物为准：如果控制被害人时打算向被害人本人索要财物的，成立抢劫罪；如果控制被害人时打算将被害人作为人质意图向第三者索要财物的，成立绑架罪。

第三，绑架过程中又当场劫取被害人随身携带财物，同时触犯绑架罪和抢劫罪的，择一重罪处罚；绑架被害人，在实际控制被害人之后，又强行劫取被害人财物的，成立绑架罪与抢劫罪，应当数罪并罚。

（3）抢劫违禁品后又以违禁品实施其他犯罪的，应以抢劫罪与具体实施的其他犯罪实行数罪并罚。

4. 加重情节

（1）入户抢劫。

①“户”指家庭住所（限制解释），具有功能特征（供他人家庭生活）与场所特征（与外界相对隔离）。对于部分

时间从事经营、部分时间用于生活起居的场所，行为人在非营业时间强行入内抢劫或者以购物等为名骗开房门入内抢劫的，应认定为“入户抢劫”。对于部分用于经营、部分用于生活且之间有明确隔离的场所，行为人进入生活场所实施抢劫的，应认定为“入户抢劫”；如场所之间没有明确隔离，行为人在营业时间入内实施抢劫的，不认定为“入户抢劫”，但在非营业时间入内实施抢劫的，应认定为“入户抢劫”。

②“入户”行为具有非法性，如果入户本身不具有非法性的，不能成立入户抢劫。

③只有当行为人对“入户”具有认识时，才能适用入户抢劫的法定刑。

（2）在公共交通工具上抢劫。

①“公共交通工具”，包括从事旅客运输的各种公共汽车，大、中型出租车，火车，地铁，轻轨，轮船，飞机等，接送职工的单位班车、接送师生的校车等大、中型交通工具，但不含小型出租车。

②“在公共交通工具上抢劫”，既包括在处于运营状态的公共交通工具上对旅客及司售、乘务人员实施抢劫，也包括拦截运营途中的公共交通工具对旅客及司售、乘务人员实施抢劫，但不包括在未运营的公共交通工具上针对司售、乘务人员实施抢劫。

（3）抢劫银行或者其他金融机构。抢劫银行或者其他金融机构（运钞车里面装有）的经营资金、有价证券和客户的资金等，不包括办公用品。

（4）多次抢劫或者抢劫数额巨大。其中“多次”指三次以上，以行为人实施的每一次抢劫行为均已构成犯罪为前提。对以数额巨大的财物为明确目标，由于意志以外的原因，未能抢到财物或实际抢得的财物数额不大的，应同时认定“抢劫数额巨大”和犯罪未遂的情节，根据刑法有关规定，结合未遂犯的处理原则量刑。

（5）抢劫致人重伤、死亡，属于典型的结果加重犯。

①对重伤、死亡结果既可以是过失，也可以是故意。同时成立故意伤害罪、故意杀人罪的，属于想象竞合犯，从一重罪论处。

②抢劫手段行为与强取财物的行为中的任何行为导致被害人重伤、死亡的，都属于抢劫致人重伤、死亡；在事后抢劫中，暴力等行为导致抓捕者等人重伤、死亡的，也属于致人重伤、死亡。

③对象包括财物的占有者、所有者、阻止行为人取得财物的人或者行为人自认为会阻止自己取得财物的人。对象错误、打击错误的情形不影响结果加重犯的判断。

④基本行为以外的行为造成所谓严重结果的，不成立结果加重犯。

（6）冒充军警人员抢劫。冒充军人或警察抢劫，要求足以使他人误以为是军警人员。包括军人和警察相互冒充的，此种警察或者军人冒充彼种警察或者军人的。司法解释认为，军警人员利用自身的真实身份实施抢劫的，不认定为“冒充军警人员抢劫”，应依法从重处罚。

（7）持枪抢劫。使用枪支或者向被害人显示持有、佩带的枪支进行抢劫。其中“枪”是指能发射子弹的真枪，不包括仿真手枪与其他假枪；不要求枪中装有子弹。

（8）抢劫军用物资或者抢险、救灾、救济物资。要求行为人明知是“军用物资或者抢险、救灾、救济物资”。如果出现事实认识错误的，按照认识错误的理论处理。

（八）诈骗罪中的处分意识

成立诈骗罪是否要求被骗人具有处分意思，刑法理论上存在不同观点。

1. 观点一（**处分意思不要说**）认为，诈骗罪的成立只要客观上有处分行为即可，不以处分意思为必要。这种观点会导致诈骗罪成立范围很宽，而盗窃罪成立范围很窄。

2. 观点二（**处分意思必要说中的严格论**）认为，处分者除了有把财产或者财产性利益的占有转移给对方的认识之外，还必须对处分财物的内容，包括交付的对象、数量、价值等有全面的认识。这种观点会导致盗窃罪成立范围极宽，而成立诈骗罪的范围很窄。

3. 观点三（**处分意思必要说中的缓和论**）认为，被骗者处分财产时认识到自己将某种财产转移给行为人或第三者占有，不要求对财产的数量、价格等具有完全的认识，但要求认识到财物的性质、种类，才能认定为诈骗罪，否则，只能成立盗窃罪。这种观点遵从了盗窃罪、诈骗罪区分的本质要求：诈骗罪是行为人基于对方有瑕疵的认识处分财产进而取得财产的犯罪，盗窃罪是完全违背对方意志取得财产的犯罪。

【观点展示】甲将超市内的两个照相机盒打开，将其中的一个照相机盒中的塑料泡沫取出，将两个照相机装入一个盒内，拿到收款台后一声不吭，收银员只收取了一个照相机的货款。乙将超市内的方便面箱子打开后，拿出两袋方便面，装入一台照相机，拿到收款台一声不吭，收银员只收取了一箱方便面的货款。按照处分意思不要说，甲、乙均构成诈骗罪；按照处分意思必要说中的严格论观点，甲、乙均构成盗窃罪；按照处分意思必要说中的缓和论观点，甲成立诈骗罪，乙成立盗窃罪。

（九）盗窃罪与诈骗罪的关系

就同一个财产对象和法益而言，一个行为不可能同时触犯盗窃罪与诈骗罪，故盗窃罪与诈骗罪是对立关系；但是，如果一个行为侵害两个对象和法益的，针对不同对象，可能分别成立盗窃罪与诈骗罪，属于想象竞合犯。

1. 基本标准

行为人是否实施了足以使对方产生处分财产的认识错误的欺骗行为（行为人未取得财产的情形），或者被害人是否基于认识错误而处分财产（行为人取得财产的情形）。

例如，甲将乙约在某餐厅吃饭时，声称需要借打乙的手机。乙将手机递给甲后，甲假装拨打电话，并谎称信号不好，一边与“电话中的对方”通话，一边往餐厅外走，然后趁机逃走。即使甲拿着手机，但并不占有该手机，乙没有转移占有的行为和意识，甲完全违反乙的意志取得乙占有的手机，成立盗窃罪，而非诈骗罪。

2. 被骗人的要求

被骗者是具有处分财产的权限或者处于可以处分财产地位的人，但不必是财物的所有人或占有人。“欺骗”没有处分能力的幼儿、高度精神病患者或者自动取款机、自动售货机等，取得财物的，对方不可能被骗而处分财物，成立盗窃罪，不成立诈骗罪。

3. “调包”或者“调虎离山”的欺骗行为

通过“调包”或者“调虎离山”式的欺骗，转移对方注意力，或者造成对方占有财物的迟缓状态，更容易接触对方占有的财物，从而完全违反对方意志，取得对方占有的财物，成立盗窃罪，而非诈骗罪。

例如，甲谎称低价出售自己的翡翠戒指，乙答应购买并将1万元交给甲，甲将戒指交给乙后，谎称想再看一下戒指，乙将戒指交给甲，甲趁机用一个劣质戒指调换了翡翠戒指，将劣质戒指还给乙。本案中，当乙交付货款并取得戒指时，戒指就属于乙占有和所有。虽然甲之前隐瞒了想要调换戒指的想法，但甲、乙的交易行为有效。甲的欺骗行为没有侵犯乙的财产，导致乙遭受财产损失的行为是后来的调包行为。由于戒指已经属于乙占有，甲完全违反乙的意志而取得乙占有的财物，成立盗窃罪，而非诈骗罪。当然，如果甲谎称低价出售翡翠戒指，乙答应购买将1万元交给甲，甲将劣质戒指交给乙的，甲针对乙的现金成立诈骗罪。

4. 三角诈骗和盗窃罪的间接正犯的区分标准

被骗人（财产处分人）是否具有处分被害人财产的权限或者地位：如果被骗人具有处分被害人财产的权限或者地位，则行为人是基于对方有瑕疵的意思取得对方的财产，成立诈骗罪（行为人直接欺骗被骗人的场合是直接正犯；利用他人作为工具欺骗被骗人的场合则是间接正犯）。如果被骗人没有处分被害人财产的权限或者地位，则行为人是完全违背对方的意志取得他人占有的财物，成立盗窃罪（间接正犯）。

例如，把商户的支付宝二维码换成自己的二维码，商户直到月底结款的时候才发现，顾客付款时实际上将货款支付给了甲。甲通过这种手段共收取了50万元。本案中，顾客在付款时不存在民事过错，商户无权要求顾客再次付款，故商户遭受了财产损失，属于财产犯罪的被害人；顾客从一开始就没有将自己的银行债权转移给商户占有，甲不可能盗窃商户占有的银行债权，故甲对银行债权不可能成立盗窃罪；甲欺骗顾客使其处分了自己的财产，致使商家遭受财产损失，即甲的行为与商户的损失之间存在刑法上的因果关系，甲的行为成立诈骗罪，属于三角诈骗。

（1）处分权限并非民法意义上的处分所有权的权限，而是指转移财物占有的权限（对债权来说，只要具有可以免除对方债务的权限即可）。

（2）处分权限的来源既可以根源于法律、法规的规定，也可以源于社会生活长期形成的惯例、事实。因此，被骗人是否具有处分权限，要结合社会生活内容具体分析、判断。

（3）诉讼诈骗是典型的三角诈骗。行为人以提起民事诉讼为手段，提供虚假的陈述、出示虚假的证据，使法院作出有利于自己的判决，从而获得财产的行为，成立诈骗罪。当然，在民事诉讼中，被告人提供虚假的证据，使得法官被骗后作出判决，免除了被告的债务的，也属于诉讼诈骗。

5. 无权处分他人财物的行为定性

将他人的财物当作自己的财物出卖给第三者的，针对他人财物成立盗窃罪，针对第三者的财产，可能成立诈骗罪，属于盗窃罪与诈骗罪的想象竞合。

【观点展示】甲见外地人乙来本地买树，便将同村丙家（在外地打工）价值5万元的活树卖给乙。本案中，甲没有处分权却擅自出卖丙的所有物，让不知情的乙搬走，属于利用没有故意的间接正犯的情形，针对丙家的活树成立盗窃罪。甲取得乙的财产是否成立诈骗罪，取决于乙是否存在损失。按照无权处分完全有效说，乙获取树木有效，没有财产损失，则甲不成立诈骗罪；如果按照无权处分无效说，甲的处分行为无效，乙存在财产损失，甲成立诈骗罪；按照无权处分效力待定说，乙是否存在损失，取决于丙事后是否追认甲的处分行为。但是，乙支付了对价但取得了存在瑕疵的财物，其交易目的没有实现，存在损失，甲当然成立诈骗罪。换言之，在本案中，甲的行为成立诈骗罪与盗窃罪的想象竞合。

6. 连环盗窃和诈骗

窃取他人所有的财物后，利用所盗窃的财物骗取财物所有者的其他财物的，触犯盗窃罪与诈骗罪两罪，难以认定为牵连犯，应当数罪并罚。

7. 窃取电力和骗免电费

窃取电力的行为成立盗窃罪，骗免电费的行为成立诈骗罪。

例如，甲正常大量用电后，在电力公司人员即将按电表收取电费时，产生不缴或少缴电费的想法，使用不法手段将电表显示数调至极小额度，使收费人员误以为行为人没有用电，从而免除行为人的电费缴纳义务的，成立诈骗罪（诈骗对象不是电力本身，而是电费请求权）。但甲为了不缴或者少缴电费，事先采用不法手段，使电表停止运行的，成立盗窃罪（盗窃对象是电力本身）。

（十）诈骗罪与侵占罪的关系

行为人出于非法占有目的，欺骗被害人，使其将财物交付给行为人“代为保管”，进而非法占为己有的，成立诈骗罪。

【观点展示】行为人接受委托代为保管他人财物，非法将财物占为己有后，在被害人请求返还时，虚构财物被盗等理由，使被害人免除行为人的返还义务。该行为的评价存在不同理论。观点一认为，该情形行为人仅成立侵占罪，之后欺骗对方的行为属于不可罚的事后行为，因为该行为仅侵害了被害人的同一法益，事后的欺骗行为属于为了确保对同一侵占物的不法占有而实施的不可罚的事后行为，故不另成立诈骗罪。观点二认为，与单纯骗免债务的行为构成诈骗罪相比，对上述行为仅以侵占罪论处，明显不协调，因此，后面的欺骗行为所获得的是财产性利益，不属于不可罚的事后行为，成立诈骗罪，与侵占罪之间属于包括的一罪，应从一重罪论处。

（十一）诈骗罪与敲诈勒索罪的关系

二者区分的关键：行为人实施的是欺骗行为还是敲诈勒索行为，被骗人或者被恐吓人是陷入错误认识还是恐惧心理。

1. 先判断行为性质是欺骗还是敲诈，如果能得出确定结论，则分别成立诈骗罪或者敲诈勒索罪（该情形不考虑对方是否陷入恐惧心理还是错误认识）。

2. 如果行为既具有欺骗的性质又具有恐吓的性质，则根据对方是陷入错误认识还是恐惧心理，分别认定为诈骗罪或者敲诈勒索罪。

3. 如果行为既具有欺骗的性质又具有恐吓的性质，对方既陷入错误认识，又有恐惧心理，则行为成立诈骗罪与敲诈勒索罪，属于想象竞合犯，从一重罪处罚。

例如，甲、乙合谋勒索丙的钱财。甲与丙及丙的儿子丁（17 岁）相识。某日下午，甲将丁邀到一家游乐场游玩，然后由乙向丙打电话。乙称丁被绑架，令丙赶快送3万元现金到约定地点，不许报警，否则杀害丁。丙担心儿子的生命而没有报警，下午7点左右准备了3万元后送往约定地点。乙取得钱后通知甲，甲随后与丁分手回家。甲、乙成立诈骗罪与敲诈勒索罪的想象竞合犯。

十三、妨害社会管理秩序罪

（一）扰乱公共秩序罪

1. 妨害公务罪

（1）行为表现：以暴力、威胁方法阻碍国家机关工作人员依法执行职务的；以暴力、威胁方法阻碍全国人民代表大会和地方各级人民代表大会代表依法执行代表职务的；在自然灾害和突发事件中，以暴力、威胁方法阻碍红十字会工作人员依法履行职责的；故意阻碍国家安全机关、公安机关依法执行国家安全工作任务，未使用暴力、威胁方法，造成严重后果的。

（2）从重处罚情节。暴力袭击正在依法执行职务的人民警察的，从重处罚。

（3）罪数问题。

①如果行为人先前行为构成犯罪，在国家机关工作人员依法查处时，对国家机关工作人员实施暴力、胁迫行为构成妨害公务罪的，应当数罪并罚。

②如果妨害公务的行为属于其他犯罪的手段，则从一重罪论处，如暴力行为致人重伤、抢夺依法执行职务的司法工作人员的枪支等，应从一重罪论处。但刑法有特别规定的，按特别规定处理：

第一，第157条第2款规定，以暴力、胁迫方法抗拒缉私的，应以走私罪和妨害公务罪实行数罪并罚。

第二，第318条第1款、第321条第2款规定，在组织、运送他人偷越国（边）境中以暴力、胁迫方法抗拒检查的，属于组织他人偷越国（边）境或者运送他人偷越国（边）境的加重情节，如果对检查人员进行杀害、伤害的，数罪并罚。

第三，第347条第2款规定，走私、贩卖、运输、制造毒品，以暴力抗拒检查、拘留、逮捕，情节严重的，属于加重情节。

2. 招摇撞骗罪

（1）从重处罚情节。冒充人民警察招摇撞骗的，成立招摇撞骗罪，从重处罚。

（2）想象竞合犯。冒充国家机关工作人员招摇撞骗，骗取数额较大以上的财物，成立招摇撞骗罪与诈骗罪的想象竞合犯。

3. 针对公文、证件、印章的犯罪

伪造、变造、买卖国家机关公文、证件、印章罪，盗窃、抢夺、毁灭国家机关公文、证件、印章罪，伪造公司、企业、事业单位、人民团体印章罪，伪造、变造、买卖身份证件罪。

（1）伪造、变造、买卖国家机关的公文、证件、印章后，又利用该公文、证件、印章实施其他犯罪（如诈骗罪）的，属于牵连犯，从一重罪论处。盗窃、抢夺国家机关公文、证件、印章后，利用其招摇撞骗、诈骗等，成立其他犯罪的，应当数罪并罚。

（2）盗窃、抢夺武装部队的公文、证件、印章的，成立《刑法》第375条规定的盗窃、抢夺武装部队公文、证件、印章罪，但毁灭武装部队的公文、证件、印章的，成立毁灭国家机关公文、证件、印章罪。

（3）对于伪造高等院校印章制作学历、学位证明的行为，应当以伪造事业单位印章罪定罪处罚。明知是伪造高等院校印章制作的学历、学位证明而贩卖的，以伪造事业单位印章罪的共犯论处（应以事先通谋为前提）。

（4）伪造、变造、买卖身份证件罪是伪造、变造、买卖国家机关证件罪的特殊法条，即刑法将居民身份证、护照、社会保障卡、驾驶证等依法可以用于证明身份的证件从一般国家机关证件中独立出来，规定了独立的罪名。这里的"身份证件"，不包括国家机关制作、仅在内部具有证明作用的证件，如工作证、出入证等。

（5）盗窃、抢夺、毁灭居民身份证的行为不成立盗窃、抢夺、毁灭国家机关证件罪；但是，由于居民身份证具有重要的使用价值，所以，入户盗窃、携带凶器盗窃、扒窃居民身份证的，成立盗窃罪。

4. 黑社会性质组织犯罪

（1）黑社会性质的组织的特征。

第一，形成较稳定的犯罪组织，人数较多，有明确的组织者、领导者，骨干成员基本固定。

第二，有组织地通过违法犯罪活动或者其他手段获取经济利益，具有一定的经济实力，以支持该组织的活动。

第三，以暴力、威胁或者其他手段，有组织地多次进行违法犯罪活动，为非作恶，欺压、残害群众。

第四，通过实施违法犯罪活动，或者利用国家工作人员的包庇或者纵容，称霸一方，在一定区域或者行业内，形成非法控制或者重大影响，严重破坏经济、社会生活秩序。认定黑社会性质的组织时不要求一定有国家工作人员提供保护伞。

（2）组织、领导、参加黑社会性质组织罪。

第一，本罪属于必要共犯中的集团共同犯罪。其中组织、领导者、积极参加者与一般参加者都成立犯罪，但不能适用总则关于共犯人的处罚原则，因为分则条文已经为其创设了不同的法定刑。

第二，对于参加黑社会性质的组织，没有实施其他违法犯罪活动的，或者受蒙蔽、胁迫参加黑社会性质的组织，情节轻微的，可以不认定为犯罪。

（3）包庇、纵容黑社会性质组织罪。

第一，本罪主体为国家机关工作人员。

第二，“包庇”行为既可能表现为包庇黑社会性质组织本身，也可能表现为包庇黑社会性质组织的组织者、领导者与参加者。包庇行为不要求利用职务上的便利。“纵容”行为包括对黑社会性质组织的存续、发展予以纵容的行为。

第三，罪过形式为故意，只要行为人知道或者应当知道是从事违法犯罪活动的组织，仍对该组织及其成员予以包庇，或者纵容其实施违法犯罪活动，即可成立犯罪，而不要求行为人是否明知该组织是黑社会性质的组织。

第四，事先通谋的，以具体犯罪的共犯论处。

（4）数罪并罚。犯组织、领导、参加黑社会性质组织罪或者包庇、纵容黑社会性质组织罪，又有其他犯罪行为的，数罪并罚。

5. 编造、故意传播虚假恐怖信息罪

（1）编造与故意传播都是本罪的实行行为。

（2）要求严重扰乱社会秩序。单纯使特定人员产生恐惧心理的恐吓、胁迫行为，没有严重扰乱社会秩序的，不成立本罪。例如，甲向警察声称："如果不解决我的问题，我就在超市安放炸弹。"该行为不成立本罪。但是，甲向警察谎称："你们不解决我的问题，我已经在超市安放了炸弹。"该行为可以成立本罪。

（3）编造、故意传播虚假恐怖信息，严重扰乱社会秩序，同时又构成其他犯罪的，从一重罪处罚。

6. 编造、故意传播虚假信息罪

编造虚假的险情、疫情、灾情、警情，在信息网络或者其他媒体上传播，或者明知是上述虚假信息，故意在信息网络或者其他媒体上传播，严重扰乱社会秩序的行为。

7. 聚众斗殴罪

（1）行为主体。聚众斗殴的，首要分子和其他积极参加的才成立犯罪。

（2）聚众斗殴，致人重伤、死亡的，成立故意伤害罪、故意杀人罪。

（3）聚众斗殴致人轻伤或者造成他人财产损失，同时触犯故意伤害罪或者故意毁坏财物罪的，属于想象竞合犯，从一重罪论处。

（二）妨害司法活动犯罪

1. 妨害作证罪

以暴力、威胁、贿买等方法阻止证人作证或者指使他人

作伪证的行为。其中“证人”不限于狭义的证人，还包括被害人、鉴定人。隐匿证人与被害人的，或者迫使证人、被害人改变证言的，成立妨害作证罪。

2. 帮助毁灭、伪造证据罪

帮助当事人毁灭、伪造证据，情节严重的行为。其中“证据”，包括（刑事）证据与证据资料（扩大解释）。犯罪人自己毁灭、伪造证据的，不属于本罪的行为。

3. 窝藏、包庇罪

明知是犯罪的人而为其提供隐藏处所、财物，帮助其逃匿或者作假证明包庇的行为。事前通谋的，以共同犯罪论处。

4. 掩饰、隐瞒犯罪所得、犯罪所得收益罪

自然人或者单位明知是犯罪所得及其产生的收益而予以窝藏、转移、收购、代为销售或者以其他方法掩饰、隐瞒的行为。

【观点展示】出售赃物等行为的定性问题，存在不同观点。

观点一：否认赃物的善意取得，即所有权人有权追回赃物。

观点二：承认赃物的善意取得，即不追缴善意取得的赃物。

①甲将自己盗窃的赃物隐瞒真相向张某出售的。

②代为销售赃物的乙，隐瞒真相向李某出售赃物的。

③丙明知是他人犯罪的赃物而购买的。

根据观点一，甲成立盗窃罪与诈骗罪，数罪并罚；乙成立掩饰、隐瞒犯罪所得罪与诈骗罪，属于想象竞合犯，择一

重罪处罚；丙成立掩饰、隐瞒犯罪所得罪，出卖者不成立诈骗罪。

根据观点二，甲、乙不成立诈骗罪，甲仅成立盗窃罪，乙仅成立掩饰、隐瞒犯罪所得罪；丙成立掩饰、隐瞒犯罪所得罪，出卖者不成立诈骗罪。

5. 虚假诉讼罪

（1）“以捏造的事实提起民事诉讼”。在刑事自诉、行政诉讼中以捏造的事实向法院提起虚假刑事自诉或者行政诉讼的，不成立本罪。但在附带民事诉讼中实施本罪行为，成立本罪。

（2）虚假诉讼罪属于故意犯罪。如果行为人误以为自己享有债权等利益而提起民事诉讼的，不成立虚假诉讼罪。

（3）想象竞合犯的规定。实施《刑法》第 307 条之一第 1 款行为，非法占有他人财产或者逃避合法债务，又构成诈骗罪，职务侵占罪，拒不执行判决、裁定罪，贪污罪等犯罪的，依照处罚较重的规定定罪从重处罚。

第一，行为人通过伪造证据等方法提起民事诉讼欺骗法官，导致法官作出错误判处，使得他人交付财物或者处分财产，行为人非法占有他人财产或者逃避合法债务的，属于三角诈骗，成立诈骗罪，与虚假诉讼罪属于想象竞合犯。

第二，行为人没有提起民事诉讼，而是作为民事被告提供虚假证据欺骗法官，导致法官作出错误判决，进而非法占有他人财产或者逃避合法债务的，仅成立诈骗罪。

第三，职务侵占罪或者贪污罪与虚假诉讼罪。公司、企业或者其他单位的人员利用职务上的便利，通过虚假民事诉讼非法占有单位财物的，成立职务侵占罪与虚假诉讼罪的想象竞合犯。如果是国家工作人员的，则可能成立贪污罪与虚假诉讼罪的想象竞合犯。

（4）共犯规定。司法工作人员利用职权，与他人共同实施《刑法》第307条之一前3款行为的，从重处罚；同时构成滥用职权罪，民事枉法裁判罪，执行判决、裁定滥用职权罪等犯罪的，依照处罚较重的规定定罪从重处罚。

第一，行为人与法官勾结的情形。行为人提起虚假民事诉讼，法官没有受骗却作出枉法裁判的，导致被害人遭受财产损失的，法官成立民事枉法裁判罪与盗窃罪（或者敲诈勒索罪）的想象竞合犯，从一重罪处罚。如果行为人与法官不存在勾结的，则行为人成立虚假诉讼罪与盗窃罪的想象竞合犯，从一重罪处罚；如果行为人与法官存在勾结的，则行为人成立虚假诉讼罪、盗窃罪与民事枉法裁判罪共犯的想象竞合犯，从一重罪论处。

第二，其他共犯情形。诉讼代理人、证人、鉴定人等诉讼参与人与他人通谋，代理提起虚假民事诉讼、故意作虚假证言或者出具虚假鉴定意见，共同实施《刑法》第307条之一前3款行为的，依照共同犯罪的规定定罪处罚；同时构成妨害作证罪，帮助毁灭、伪造证据罪等犯罪的，依照处罚较重的规定定罪从重处罚。

（三）走私、贩卖、运输、制造毒品罪

1. 不法要素

走私、贩卖、运输、制造毒品，无论数量多少，都应当追究刑事责任，予以刑事处罚。毒品的数量以查证属实的走私、贩卖、运输、制造、非法持有毒品的数量计算，不以纯度折算。

（1）“走私”，指非法运输、携带、邮寄毒品进出国（边）境，还包括在领海、内海运输、收购、贩卖国家禁止进出口的毒品，以及直接向走私毒品的犯罪人购买毒品。

（2）“贩卖”，指有偿转让毒品的行为，如果是无偿转让毒品（如赠与等），则不属于贩卖毒品。

第一，《刑法》第347条仅规定了贩卖毒品罪，而没有规定购买毒品罪，故单纯购买毒品的行为并不属于刑法的规制对象，但为了出卖而购买毒品的，属于贩卖毒品罪的预备行为（可能同时触犯非法持有毒品罪）。

第二，吸食者之间相互交换毒品的，不成立贩卖毒品罪；贩毒者之间为了调剂各自的毒品种类和数量而相互交易毒品的，成立贩卖毒品罪。为了“蹭吸”（共同吸毒）或者单纯帮助吸毒者代购、代买毒品的，不成立贩卖毒品罪，可能成立非法持有毒品罪；为了“提成”（将部分毒品据为己有）而帮助吸毒者购买毒品的，成立贩卖毒品罪。为吸毒者寻找、联系贩卖者的，不成立贩卖毒品罪；为贩毒者寻找、联系上游毒贩或者下游吸毒者的，成立贩卖毒品罪的共犯。

第三，贩卖以毒品实际上转移给买方为既遂，转移毒品后行为人是否已经获取了利益，则并不影响既遂的成立。

（3）“运输”，指采用携带、邮寄、利用他人或者使用交通工具等方法在我国领域内转移毒品。为运输而开始搬运毒品，是运输毒品罪的着手；因行为人意志以外的原因未能使毒品离开原处或者说未能转移毒品存放地的，属于未遂；运输毒品行为使毒品离开原处或者转移了存放地的，则为既遂。

（4）“制造”，包括使用毒品原植物制作成毒品的行为与以改变毒品成分和效用为目的的加工、配制行为。制造毒品罪以实际上制造出毒品为既遂标准；客观上具有制造出毒品的具体危险，事实上未能制造出毒品的，应以犯罪未遂处理。

制造毒品的行为包括以下情形：

第一，将毒品以外的物作为原料，提取或制作成毒品。

第二，毒品的精制，即去掉毒品中的不纯物，使其成为纯毒品或纯度更高的毒品。

第三，使用化学方法或者其他方法将一种毒品变为另一种毒品。

第四，非法按照一定的处方针对特定人的特定情况调制毒品。

但是，为便于隐蔽运输、销售、使用、欺骗购买者，或者为了增重，对毒品掺杂使假，添加或者去除其他非毒品物质，不属于制造毒品的行为。

2. 从重处罚情节

（1）利用、教唆未成年人走私、贩卖、运输、制造毒品，或者向未成年人出售毒品的，从重处罚。

（2）因走私、贩卖、运输、制造、非法持有毒品罪被判过刑，又犯本节规定之罪的，从重处罚。

3. 加重处罚情节

武装掩护走私、贩卖、运输、制造毒品的；以暴力抗拒检查、拘留、逮捕，情节严重的；参与有组织的国际贩毒活动的。

4. 特殊规定

向走私、贩卖毒品的犯罪分子或者以牟利为目的，向吸食、注射毒品的人提供国家规定管制的能够使人形成瘾癖的麻醉药品、精神药品的，依照走私、贩卖毒品定罪处罚。

5. 罪数问题

盗窃、抢夺、抢劫毒品后又实施其他毒品犯罪的，对盗窃罪、抢夺罪、抢劫罪和所犯的具体毒品犯罪分别定罪，依法数罪并罚。

6. 共同犯罪

两人以上同行运输毒品的，应当从是否明知他人带有毒品，有无共同运输毒品的意思联络，有无实施配合、掩护他人运输毒品的行为等方面综合审查认定是否构成共同犯罪。

（1）受雇于同一雇主同行运输毒品，但受雇者之间没有共同犯罪故意，或者虽然明知他人受雇运输毒品，但各自的运输行为相对独立，既没有实施配合、掩护他人运输毒品的行为，又分别按照各自运输的毒品数量领取报酬的，不应认定为共同犯罪。

（2）受雇于同一雇主分段运输同一宗毒品，但受雇者之间没有犯罪共谋的，也不应认定为共同犯罪。

（3）雇用他人运输毒品的雇主，及其他对受雇者起到一定组织、指挥作用的人员，与各受雇者分别构成运输毒品罪的共同犯罪，对运输的全部毒品数量承担刑事责任。

十四、贪污、贿赂犯罪

（一）贪污罪

1. 国家工作人员

（1）国家机关、国有公司、企业、事业单位、人民团体中的人员或者上述机关、单位委派到其他单位的人员，并依照法律从事公务的。

（2）协助人民政府从事行政管理工作的村民委员会等基层组织人员。

（3）通过伪造国家机关公文、证件成为国家工作人员的人员。

（4）受国家机关、国有公司、企业、事业单位、人民团体委托管理、经营国有财产的人员属于国家工作人员。

（5）与国家工作人员共同贪污的，以共犯论处。“以共犯论处”通常是以贪污罪的共犯论处，但由于共犯是不法形态，以共犯论处主要意味着应当将公共财物损失的结果归属于一般公民的行为，而共犯对正犯的罪名不具有从属性，故一般公民完全可能同时构成贪污罪的共犯与盗窃罪、诈骗罪的正犯，属于想象竞合犯。

（6）国有保险公司工作人员和国有保险公司委派到非国有保险公司从事公务的人员，利用职务上的便利，故意编造未曾发生的保险事故进行虚假理赔，骗取保险金归自己所有的，成立骗取方式的贪污罪。

2. 利用职务上的便利

利用职务上主管、管理、经营、经手公共财物的权力及方便条件，既包括利用本人职务上主管、管理公共财物的职务便利，也包括利用职务上有隶属关系的其他国家工作人员的职务便利。

（1）如果只是利用与职务无关仅因工作关系熟悉作案环境或易于接近作案目标、凭工作人员身份容易进入某些单位等方便条件非法占有公共财物的，不成立贪污罪。

（2）即使行为人利用了职务上的便利非法占有公共财

物的，不一定成立贪污罪。只有当国家工作人员现实地对公共财物享有支配权、决定权，或者对具体支配财物的人员处于领导、指示、支配地位，进而利用了职务上的便利的，才成立贪污罪。

例如，村民甲谎称危房翻新，村主任乙代其填写虚假材料并以村主任名义签字同意后上报镇政府，从镇政府骗取2万元的危房补助金给甲。甲从事扶贫管理工作，虽然属于国家工作人员，也利用了职务上的便利，但不成立贪污罪，甲、乙二人仅成立诈骗罪的共犯。乡镇领导利用职务上的便利，骗取县市财政的经费据为己有的，成立诈骗罪。但是，如果县市领导利用职务上的便利，非法占有乡镇财政经费的，成立贪污罪。

3. 侵吞、窃取、骗取或者其他手段

（1）贪污罪与侵占罪、盗窃罪、诈骗罪是特别法条与普通法条的法条竞合关系，即对构成贪污罪的行为，不应认定为侵占罪、盗窃罪与诈骗罪；但国家工作人员利用职务上的便利，窃取、骗取公共财物，如果不符合贪污罪的构成要件而不成立贪污罪，但达到盗窃罪、诈骗罪的数额起点的，应认定为盗窃罪、诈骗罪。

（2）构成贪污罪的行为，必然符合职务侵占罪的犯罪构成，但应当认定为贪污罪，而不认定为职务侵占罪。当然，如果行为人没有认识到自己国家工作人员身份，则可能成立职务侵占罪。

（3）国家工作人员在国内公务活动或者对外交往中接受礼物，依照国家规定应当交公而不交公，数额较大的，以贪污罪论处。

4. 非法占有公共财物

（1）行为对象必须是公共财物，而非公民私人所有的财物，但不限于国有财物。

（2）“公共财物”不要求单位的占有具备合法性，如贪污国家机关非法征收的款项的，贪污国有企业收受的回扣的，贪污国有公司合同诈骗所取得的财物的，都应认定为贪污罪。

（3）受国家机关、国有公司、企业、事业单位、人民团体委托管理、经营国有财产的人员成立贪污罪必须是非法占有了国有财物。

（4）“数额较大”要求 3 万元以上，或者数额 1 万元以上并有其他较重情节。在共同贪污中，个人贪污数额，不是泛指整个共同犯罪的数额，也不是指分赃数额，而是指个人应当承担责任的数额。对此，应根据刑法总则关于各共犯人承担责任的原则确定。

5. 责任要件

故意，并具有非法占有目的（窃取或者骗取行为）或者不法所有目的（侵吞行为）。行为人实际支配、控制了公共财物的，成立既遂。

（二）挪用公款罪

1. 国家工作人员

（1）挪用公款给他人使用，使用人与挪用人共谋，指使或者参与策划取得挪用款的，以挪用公款罪的共犯定罪处罚。

（2）因挪用公款索取、收受贿赂构成犯罪的，或者挪用公款进行非法活动构成其他犯罪的，数罪并罚。

（3）明知他人使用公款进行犯罪活动，而挪用公款给他人使用的，数罪并罚。

2. 利用职务上的便利

利用职务权力与地位所形成的主管、管理、经营、经手公款或特定款物的便利条件。

3. 挪用公款归个人使用

包括：将公款供本人、亲友或者其他自然人使用的；以个人名义将公款供其他单位使用的；个人决定以单位名义将公款供其他单位使用，谋取个人利益的。

经单位领导集体研究决定将公款给个人使用，或者单位负责人为了单位的利益，决定将公款给个人使用的，不以挪用公款罪定罪处罚。

4. 挪用公款的用途

（1）挪用公款归个人使用，进行非法活动的，以挪用公款 3 万元为定罪的数额起点，没有时间要求。

（2）挪用公款数额较大，归个人进行营利活动的，以挪用公款 5 万元为“数额较大”的起点，不受挪用时间和是否归还的限制。

（3）挪用公款归个人使用，数额较大、超过 3 个月未还的，以挪用公款 5 万元为“数额较大”的起点。

在认定挪用公款归个人使用的三种用途时，应当注意以下重要原则：

①对挪用公款罪的三种用途的认定，原则上应根据客观的使用性质予以判断。如果案发时一直没有利用公款的，认定为“挪用公款归个人使用，进行非法活动、营利活动以外的其他活动的情形”。这并不意味着“使用”行为是挪用公

款罪的构成要件要素；相反，使用行为只是确认用途的资料与根据。

例如，甲让国有公司出纳乙挪用公款给自己注册公司，乙以为甲需要5000万元，于是挪出5000万元打到了甲的个人账户，但甲实际只需要2000万元，甲马上将3000万元打回了乙所在公司的账户。本案中，乙的行为属于挪用公款进行营利活动，数额为2000万元，另外的3000万元属于挪用公款进行其他活动，由于在三个月内归还，故不成立犯罪。

②如果多次挪用公款进行不同用途的，重行为的数额可以计算在轻行为的数额之中（要求满足轻行为成立犯罪的所有条件），但轻行为的数额不能计算在重行为的数额之中；三个月之内归还的数额不能计算在“超过三个月未还”的挪用数额中。

例如，甲挪用公款2万元进行非法活动，挪用公款3万元进行营利活动，挪用公款4万元进行其他活动，均超过3个月未还。甲挪用公款进行“非法活动”“营利活动”的数额都可以评价为进行“其他活动”的数额，即可以不考虑非法性、营利性，而是视为进行其他活动，故甲的行为属于挪用公款9万元进行其他活动。

5. 挪用公款数额巨大不退还的

挪用公款罪的加重情节，是指挪用公款数额巨大，因客观原因在一审宣判前不能退还的；如果证明其有非法占有目的的（如有能力归还所挪用的公款而拒不归还，并隐瞒挪用的公款去向的），则成立贪污罪。

6. 挪用公款罪与贪污罪的关系

二者之间并非非此即彼的对立关系，而是包容关系；换言之，贪污罪行为一般也符合挪用公款罪的犯罪构成。对于下列行为，应以贪污罪论处：

（1）携带挪用的公款潜逃的。

（2）挪用公款后采取虚假发票平账、销毁有关账目等手段，使所挪用的公款已难以反映在单位财务账目上，且没有归还行为的。

（3）截取单位收入不入账，非法占有，使所占有的公款难以反映在单位财务账目上，且没有归还行为的。

（4）有证据证明行为人有能力归还所挪用的公款而拒不归还，并隐瞒挪用的公款去向的。

7. 特殊规定

挪用用于救灾、抢险、防汛、优抚、扶贫、移民、救济款物归个人使用的，从重处罚。

（三）私分国有资产罪

私分国有资产罪，是指国家机关、国有公司、企业、事业单位、人民团体，违反国家规定，以单位名义将国有资产集体私分给个人，数额较大的行为。

贪污罪与私分国有资产罪的不法程度一致，不同的是责任程度。只有当行为人出于相对公平的利他动机，并且对国有资产进行相对公平的私分时，才能认定为私分国有资产罪。

（四）巨额财产来源不明罪

巨额财产来源不明罪，是指国家工作人员的财产、支出明显超过合法收入，差额巨大的，可以责令该国家工作人员说明来源，不能说明来源的行为。其中差额部分以非法所得论，予以追缴。

1. 行为人拥有巨额财产，本人不能说明其合法来源的，人民法院判决成立本罪；但司法机关后来查清了该巨额财产的来源：如果来源是合法的，原来的判决必须维持，不能更改。

2. 如果司法机关后来查清了该巨额财产的来源是非法的，也不能推翻原来的判决，应按非法来源的性质认定犯罪，与巨额财产来源不明罪按照第 70 条“先并后减”原则数罪并罚。

（五）受贿罪

1. 行为主体

即国家工作人员，但不包括受委托、管理国有财产的人员（即不包括第 382 条第 2 款规定的人员）。

（1）村民委员会等基层组织人员协助人民政府从事行政管理工作，利用职务上的便利实施受贿行为的，以受贿罪论处。

（2）国家工作人员利用职务上的便利为请托人谋取利益，并与请托人事先约定，在其离退休后或者离职后收受请托人财物，也成立受贿罪。

（3）一般公民与国家工作人员相勾结，伙同受贿的，以受贿罪的共犯论处，如国家工作人员的亲属教唆或者帮助国家工作人员受贿的，成立受贿罪的共犯。

2. 利用职务上的便利

即国家工作人员所索取或者收受的财物与其职务行为有关，是国家工作人员职务行为的不正当报酬。

（1）受贿罪中利用职务之便的含义不同于贪污罪中的利用职务之便。前者强调职务与贿赂的相关性，后者强调行为人基于职权、职责主管、管理、经营、经手公共财物的便利。

（2）担任单位领导职务的国家工作人员通过不属于自己主管的下级部门的国家工作人员的职务为他人谋取利益的，属于“利用职务之便”为他人谋取利益。

（3）国家工作人员在法律允许的范围内，利用业余时间，以自己的劳动为他人提供某种服务，从而获得报酬的（即使事后索要的），不成立受贿罪。但国家工作人员在业余时间，利用职务上的便利为他人谋取利益，进而获得报酬的，成立受贿罪。

3. 受贿行为

（1）“索取他人财物的”“非法收受他人财物”。前者是指要求、索要与勒索贿赂；后者是指在行贿人主动提供贿赂时，国家工作人员以将该贿赂作为自己的所有物的意思而接收、取得。

①“财物”，是指具有价值的可以管理的有体物、无体物以及财产性利益，包括提供房屋装修、含有金额的会员卡、代币卡（券）、旅游、会员服务、债务免除等。受贿数额3万元以上的，属于数额较大，成立受贿罪。如果受贿1万元以上，并具有下列情节之一的，成立受贿罪：曾因贪污、受贿、挪用公款受过党纪、行政处分的；曾因故意犯罪受过刑事追究的；赃款赃物用于非法活动的；拒不交代赃款赃物去向或者拒不配合追缴工作，致使无法追缴的；造成恶劣影响或者其他严重后果的；多次索贿的；为他人谋取不正当利益，致使公共财产、国家和人民利益遭受损失的；为他人谋取职务提拔、调整的。

②第三者收受贿赂。无论索取还是收受贿赂，均不限于行为人将贿赂直接据为己有，而是包括使请托人向第三者提供贿赂的情形。如果第三者明知行贿者所提供的财物为贿赂，则成立受贿罪的共犯；如果第三者不明知行贿者所提供的财物与国家工作人员的职务行为具有关联，第三者不成立受贿罪的共犯。

③索贿的，以利用职务之便实施了索要行为作为受贿罪成立条件，不要求为他人谋取利益；收受贿赂的，行为人收受他人财物，要求（承诺）为他人谋利益的，才可能成立犯罪。

④索取贿赂的，应当从重处罚。

（2）约定受贿（第385条第2款）。国家工作人员在经济往来中，非法收取回扣、手续费归个人所有的，构成受贿罪。

（3）斡旋方式的受贿罪（第388条）。

①国家工作人员利用本人职权或者地位形成的便利条件，但不要求行为人积极地利用其职权或地位，只要立于国家工作人员的立场实施斡旋行为即可。具体表现包括：

第一，国家工作人员利用本人职务上主管、负责、承办某项公共事务的职权；

第二，利用职务上有隶属、制约关系的其他国家工作人员的职权索取、收受贿赂；

第三，担任单位领导职务的国家工作人员通过不属于自己主管的下级部门的国家工作人员的职务为他人谋取利益的等等。

②通过其他国家工作人员职务上的行为，为请托人谋取

不正当利益。

第一，这意味着不是国家工作人员就自身的职务行为索取或者收受贿赂，而是使其他国家工作人员实施（包括放弃）职务上的行为，为请托人谋取不正当利益。

第二，这种情形不要求已经为请托人谋取了不正当利益，也不要求其他国家工作人员认识到行为人索取、收受贿赂，但要求行为人对其他国家工作人员提出了为请托人谋取不正当利益的请求、约定。

③索取请托人财物或者收受请托人财物，即索取或者收受财物作为行为人使其他国家工作人员为请托人谋取不正当利益的行为的不正当报酬。

（4）事后受贿。国家工作人员事先实施某种职务行为，为他人谋取利益时，没有受贿的故意，事后（在职时）明知他人交付的财物是对自己职务行为的不正当报酬而予以收受的，成立受贿罪。

（5）国家工作人员收受单位财物的，成立受贿罪。

4. 为他人谋取利益的

收受贿赂方式的受贿罪，还要求行为人“为他人谋取利益”。其中“他人”包括自然人和单位；其中“利益”包括正当和不正当利益。

【观点展示】“为他人谋取利益”的含义理论上存在三种学说。旧客观要件说认为，“为他人谋取利益”是指客观上有为他人谋取利益的行为，而不要求实际上使他人取得了利益；主观要素说认为，“为他人谋取利益”是指主观上为他人谋取利益的意图；新客观说认为，“为他人谋取利益”的认定，其最低要求是许诺为他人谋取利益。新客观说是通说，包括明示、暗示的许诺，包括直接对行贿人许诺和通过第三者对行贿人许诺，包括真实、虚假的许诺。

（1）国家工作人员无论事前受贿还是事后受贿，只要所实施的为他人谋取利益的行为构成其他犯罪，除刑法有特别规定的以外（第399条第4款：“司法工作人员收受贿赂，有前三款行为的，同时又构成本法第三百八十五条规定之罪的，依照处罚较重的规定定罪处罚。”），应当数罪并罚。

（2）为他人谋取利益的常见表现：实际或者承诺为他人谋取利益的；明知他人有具体请托事项的；履职时未被请托，但事后基于该履职事由收受他人财物的；国家工作人员索取、收受具有上下级关系的下属或者具有行政管理关系的被管理人员的财物价值3万元以上，可能影响职权行使的。

5. 责任

罪过形式为故意，主观上具有接受（包括索取）贿赂的意思，即具有将对方提供的财物作为自己的所有物的意思。

（1）如果没有接受贿赂的意思，事实上也没有接受的，不成立受贿罪；行为人根本不知道自己收受了财物，或者只是暂时收下，准备交给有关部门处理或者退还给行贿人的，也不成立受贿罪。

（2）国家工作人员出于贪污、受贿的故意，非法占有公共财物、收受他人财物之后，将赃款赃物用于单位公务支出或者社会捐赠的，不影响贪污罪、受贿罪的认定，但量刑时可以酌情考虑。

（3）特定关系人索取、收受他人财物，国家工作人员知道后未退还或者上交的，应当认定国家工作人员具有受贿故意。

（六）行贿罪

1. 行贿行为

给予国家工作人员以财物，是行贿罪的客观行为。国家工作人员实际收受了财物，为行贿既遂。

（1）主动行贿。为了利用国家工作人员的职务行为（包括利用国家工作人员的斡旋行为），主动给予国家工作人员以财物（包括向斡旋受贿者给予财物）。

（2）被索取贿赂。在有求于国家工作人员的职务行为时，由于国家工作人员的索取而给予国家工作人员以财物。根据第389条第3款的规定："因被勒索给予国家工作人员以财物，没有获得不正当利益的，不是行贿。"这属于消极的构成要件要素的规定。

例如，国家工作人员甲向乙索取贿赂，乙为了能优先获取项目审批，只好给予甲财物。在甲审批项目之前案发，甲被司法机关逮捕，乙也被关押，但检察机关根据第389条第3款的规定释放了乙。后来，由于证据问题，甲被无罪释放。甲回到原岗位之后，又利用职务之便为乙谋取了不正当利益。本案中，应以行贿罪对乙再次抓捕定罪处罚。如果甲被开除公职之后，利用人际关系，将先前对乙的承诺予以兑现的，则乙不成立行贿罪。

（3）约定行贿。第389条第2款规定："在经济往来中，违反国家规定，给予国家工作人员以财物，数额较大的，或者违反国家规定，给予国家工作人员以各种名义的回扣、手续费的，以行贿论处。"

（4）事后行贿。在国家工作人员利用职务上的便利为自己谋取利益时或者为自己谋取利益之后，给予国家工作人员以财物，作为职务行为的报酬。

（5）单位行贿但谋取个人利益。单位为谋取不正当利益而行贿，或者违反国家规定，给予国家工作人员以回扣、手续费，因行贿取得的违法所得归个人所有的，成立行贿罪（第393条后段）。

（6）犯罪数额。为谋取不正当利益，向国家工作人员行贿，数额在3万元以上的，成立行贿罪。行贿数额在1万元以上不满3万元，具有下列情形之一的成立行贿罪：①向三人以上行贿的；②将违法所得用于行贿的；③通过行贿谋取职务提拔、调整的；④向负有食品、药品、安全生产、环境保护等监督管理职责的国家工作人员行贿，实施非法活动的；⑤向司法工作人员行贿，影响司法公正的；⑥造成经济损失数额在50万元以上不满100万元的。

2. 责任内容

罪过形式上为故意。在没有获取不正当利益时，必须"为了谋取不正当利益"。

（1）其中"不正当利益"属于规范的构成要件要素，包括任何性质、任何形式的不正当利益，但正当与否，应进行客观判断。

（2）行为人实际上是否因行贿谋取了不正当利益，或者行贿时具有事后索回财物的意思的，均不影响行贿罪的成立。

例如，公司负责人甲以"谋取不正当利益"的目的，向有关国家工作人员乙提出要求，并给予乙10万元现金，但乙随后发现，该公司完全符合获得国家补贴的条件。甲的行为不符合行贿罪的主观要素，不成立行贿罪。

3. 从宽处罚情节

行贿人在被追诉前主动交代行贿行为的，可以从轻或者减轻处罚。其中，犯罪较轻的，对侦破重大案件起关键作用的，或者有重大立功表现的，可以减轻或者免除处罚。

（1）行贿人被追诉后如实供述自己罪行的，依照《刑法》第67条第3款的规定（坦白），可以从轻处罚；因其如实供述自己罪行，避免特别严重后果发生的，可以减轻处罚。

（2）因行贿人在被追诉前主动交代行贿行为而破获相关受贿案件的，对行贿人不适用《刑法》第68条关于立功的规定，依照《刑法》第390条第2款的规定，可以从轻或者减轻处罚。

（3）如果行为人在被追诉后揭发受贿人与其行贿无关的其他犯罪行为，查证属实的，依照《刑法》第68条关于立功的规定，可以从轻、减轻或者免除处罚。

（4）如果行为人在被追诉前主动交代行贿行为，揭发受贿人与其行贿无关的其他犯罪行为，查证属实，成立重大立功的，则可以减轻或者免除处罚；如果仅成立一般立功的，则既适用第390条第2款的规定（可以从轻或者减轻处罚），同时适用第68条关于立功的规定。

（七）利用影响力受贿罪与对有影响力的人行贿罪

利用影响力受贿罪、对有影响力的人行贿罪与行贿罪、受贿罪的转化问题：

1. 特定关系人为请托人谋取不正当利益，通过其他国家工作人员职务上的行为，为请托人谋取不正当利益，索取请托人财物或者收受请托人财物的，特定关系人成立利用影响力受贿罪，国家工作人员不成立受贿罪，请托人成立对有影响力的人行贿罪。

2. 如果特定关系人告知国家工作人员真相的，特定关系人与国家工作人员构成受贿罪的共犯，特定关系人还成立利用影响力受贿罪，属于想象竞合犯。但请托人没有认识到该受贿共犯事实时，仍然成立对有影响力的人行贿罪。如果请托人明知该受贿共犯事实时，不管财物最终是否由国家工作人员占有，请托人均成立行贿罪，与对有影响力的人行贿罪属于想象竞合犯。

第三章　综合案例

案例一

案情：在乙16周岁生日当天，甲、乙在肯德基一起为乙过生日。甲、乙发现赵某（13周岁）抢夺顾客手包，遂追赶赵某。在追赶过程中，甲、乙将赵某打成轻伤，并继续追赶赵某。（事实一）

赵某无路可逃，只好跳入湖中。赵某脚抽筋，遂在湖中呼救，路人丙发现后正欲跳入河中救赵某，甲、乙握着石头对丙说："你敢救他，下去后就别上来了。"丙遂在岸边围观。与家人一起游玩的警察丁发现后也想跳入水中救助赵某，但其妻戊阻止了丁的救助。（事实二）

闻讯赶来的警察将赵某救上来时，发现其已经死亡；在追捕甲、乙的过程中，由于甲、乙二人往陡峭的山路上逃跑，警察孙某不慎摔倒在地，造成重伤。（事实三）

问：

1. 关于事实一，甲、乙将赵某打成轻伤的行为如何评价？刑法理论上可能存在哪些不同观点？

2. 结合事实一与事实三，甲、乙的行为与赵某的死亡之间是否具有因果关系？对甲、乙的行为应当如何评价？

3. 关于事实二，如何评价丙、丁、戊的行为？

4. 关于事实三，甲、乙对孙某的重伤结果是否承担刑事责任，为什么？

参考答案与分析思路

1. 事实一：13 周岁的赵某抢夺他人财物，但因其未达到刑事法定年龄，对其行为不负刑事责任，不成立犯罪。（1分）认定赵某的行为是否属于“不法侵害行为”则决定着甲、乙将其打伤的行为是否成立正当防卫。（1 分）对此，刑法理论上主要存在两种观点：观点一认为，赵某未达到刑事法定年龄，其行为不属于“不法侵害”，甲、乙追赶并打伤赵某的行为不成立正当防卫；（1 分）但赵某使被害人财产面临丧失的紧迫危险，甲、乙为追回财物不得已将赵某打成轻伤的行为成立紧急避险。（1 分）观点二认为，赵某虽然未达到刑事法定年龄，但其行为在客观上侵犯他人法益，属于“不法侵害”；（1 分）而且在财产侵害案件中，即使财产犯罪行为已经既遂，但在现场被人发现并随即追赶的整个过程，应视为不法侵害正在进行，故甲、乙追赶并将赵某打成轻伤的行为属于正当防卫（轻伤不可能过当），不成立犯罪。（2 分）我坚持后一观点，因为赵某对自己实施的行为是否负刑事责任与认定其行为是否被法律禁止是两个不同的问题；（1 分）区分违法与有责能合理解决法秩序中更多的问题：赵某虽然不负刑事责任，但可以要求其家长严加管教，必要时可以由政府对其收容教养。该处理结论就是以认定赵某的行为违法为前提。（1 分）（注意：这里答前一观点也可以，言之成理即可）

2. 事实二：甲、乙成立不作为的故意杀人罪。（1 分）甲、乙追赶赵某，使得赵某跳入水中遇到生命危险，甲、乙的先前行为引起了赵某的生命危险，甲、乙具有救助义务；（1 分）甲、乙在能救助赵某的前提下，不仅不救助赵某，还阻止丙救助赵某，最终致使赵某死亡，故甲、乙的不作为行为与赵某的死亡之间具有因果关系；（2分）甲、乙认识到上述事实，而且知道如果不救赵某，赵某将会溺死，但甲、乙仍然不救助，至少放任赵某死亡结果的发生，故甲、乙成立不作为的故意杀人罪既遂的共犯。（2分）由于故意杀人行为发生在乙16周岁当天，乙已满15周岁不满16周岁，应对故意杀人罪负刑事责任；因乙犯罪时不满18周岁，不能判处其死刑（包括死缓）；同理，即使乙应当负刑事责任，也应对乙从轻或者减轻处罚。(3分)

3. 警察丁的行为不成立犯罪。（1分）丁陪同家人游玩，并未履行公务，不具有救助被害人或者阻止违法犯罪的义务；（1分）相应地，路人丙、戊偶然经过现场或者出现在现场，没有救助被害人或者阻止违法犯罪行为的义务，故不成立犯罪；（2分）由于丁没有违法行为，戊也不可能成立丁的教唆犯。(1分)

4. 事实三：甲、乙对警察孙某摔成重伤的结果不负刑事责任。(1分）甲、乙二人为逃避警察抓捕而逃跑的行为属于犯罪后的本能反应，不具有期待可能性，即逃跑本身不成立犯罪；（1分）甲、乙逃跑的行为也并未制造不被法律允许的伤害他人的危险，警察孙某不慎摔成重伤，是因为孙某在履行职能过程中不慎导致，属于其自陷风险的情形，不能将其重伤结果归属于甲、乙的逃跑行为，故甲、乙逃跑行为与孙某的重伤之间不存在刑法上的因果关系。(2分)

案例二

案情： 甲反对其子赵某与钱某（女）结婚，多次殴打赵某。赵某、钱某痛苦不已，深感绝望，遂相约自杀，服毒

自尽。(事实一)

甲觉得儿子自杀是前夫教育不力，心生怨恨，遂用水杯装上硫酸，前往前夫的住处。甲与前夫争吵过程中，拿着水杯，对前夫说“仗义每从屠狗辈，读书多是负心人，我要烧死你这个读书人”，同时欲拧开水杯，但因紧张而未拧开水杯，随即将水杯放在前夫家中桌上。甲与前夫继续争吵，在这过程中，甲的前夫以为杯子里是饮用水，顺手拿起水杯，拧了几次才拧开杯盖，猛喝一大口，结果将口腔严重烧伤(经鉴定属于重伤)。甲随后将前夫送往医院治疗脱险。(事实二)

甲越想越生气，认为造成这一切的根源是前夫现在的妻子孙某，于是雇请乙杀害孙某，将孙某的照片交给乙。乙在黑暗中误将李某当作孙某开枪杀害，但子弹把正好跑步经过现场的孙某打死。(事实三)

不久案发，甲逃跑。某晚，甲在回宾馆房间路上，发现有人跟踪自己，遂怀疑是便衣警察跟踪自己。为顺利逃跑，甲用随身携带的匕首刺向对方。刚刺了两下，甲精神疾病发作，但继续刺向对方，两天后被害人经抢救无效死亡。(事实四)

问：

1. 关于事实一，甲的行为与赵某、钱某的死亡之间是否存在因果关系？对甲的行为如何评价？

2. 关于事实二，甲的行为与其前夫的重伤结果之间是否存在因果关系？对甲的行为如何评价？

3. 关于事实三，甲对孙某、李某的死亡在刑法理论上被称为什么？刑法理论上如何处理甲的行为？

4. 关于事实四，甲对被害人的死亡是否承担刑事责任？为什么？

参考答案与分析思路

1. 事实一，甲成立暴力干涉婚姻自由罪的结果加重犯。

甲采取暴力手段，干涉其子赵某的结婚自由，成立暴力干涉婚姻自由罪。（1 分）其暴力干涉婚姻自由的行为引起赵某自杀具有通常性，赵某死亡结果系甲的暴力行为制造的危险的现实化，二者具有刑法上的因果关系，甲成立暴力干涉婚姻自由罪的结果加重犯。（1 分）不能将钱某的死亡归属于甲的暴力行为，这是钱某自陷风险导致其死亡，故甲对钱某的死亡不负刑事责任。（1 分）

2. 事实二，关于甲的行为，在实践中存在不同意见：

观点一认为，甲以杀人故意，事先准备硫酸意图烧死前夫，在打算拧开杯盖时（即在已经着手实行杀人行为时），因意志以外的原因而未得逞，其行为成立故意杀人罪未遂，可以比照既遂犯从轻、减轻处罚。（2 分）随后甲将装有硫酸的水杯置于桌上，在前夫拧杯盖要喝时，甲有阻止的义务，但甲在能阻止的情况下未作任何表示，致使前夫喝下硫酸而烧伤，甲的不作为行为与前夫重伤结果之间存在刑法上的因果关系，而且甲主观上认识到前夫可能烧伤，至少放任该危害结果的发生，故甲存在间接故意，成立故意伤害（重伤）罪；（2 分）考虑到甲将前夫送往医院抢救这一情节，可以酌情从轻处罚，然后与故意杀人罪未遂数罪并罚。（1 分）

观点二认为，甲以杀人故意着手实行杀人行为，该行为虽未杀死前夫，但引发了前夫喝下硫酸这一正常的介入因素，这依然属于杀人行为延续的表现；甲随后自动采取了足以防止死亡结果发生的中止行为，有效防止了死亡结果的发生，其行为成立故意杀人罪中止；（2分）但其杀人行为导致了前夫重伤的结果，属于“造成损害结果”的情形，按照《刑法》第24条的规定，应当减轻处罚。（1分）

我坚持观点一。当甲未能拧开杯盖时，其故意杀人行为已经终了，该行为与之后被害人喝下硫酸之间不存在刑法上的因果关系，故应当将之前的杀人行为与之后引起被害人重伤的事实分别评价，分别认定为故意杀人罪未遂与故意伤害（重伤）罪，应当数罪并罚。（2分）（如果坚持观点二，需说明理由，言之成理即可）

3. 在事实三中，甲、乙成立故意杀人罪的共犯。（注意：要分析甲的行为，一定要先分析正犯乙的行为）

（1）乙客观上实施了杀人行为，导致了李某和孙某的死亡，但主观上存在具体的事实认识错误：一方面，针对李某的死亡，乙属于对象错误，无论按照法定符合说还是具体符合说，甲都成立故意杀人罪既遂。（2分）另一方面，针对孙某的死亡，乙属于方法错误（打击错误），按照法定符合说（数故意说），甲成立故意杀人罪既遂，与针对李某的故意杀人罪既遂属于想象竞合犯，从一重论处；按照具体符合说，甲成立过失致人死亡罪，与针对李某的故意杀人罪既遂属于想象竞合犯，从一重论处。（2分）

（2）甲教唆乙杀人，乙因此实施了杀人行为，按照共犯从属性原理，应将乙杀人事实归属于甲。（1分）对于甲的主观故意及其刑事责任，应分别判断：一方面，针对孙某的死亡，无论认定乙成立故意杀人罪既遂还是过失致人死亡罪，乙在客观上都实施了致使孙某死亡的违法行为，甲主观上具有教唆乙杀害孙某的故意，故甲对孙某的死亡应成立故意杀人罪既遂的教唆犯。（2 分）另一方面，针对李某的死亡，按照共犯从属性原理，在客观上也应将其归属于甲的教唆行为；但主观上甲存在方法错误，即由于乙的对象错误而导致了其他危害结果的发生，按照法定符合说，甲成立故意杀人罪既遂的教唆犯，与针对孙某的故意杀人罪既遂的教唆犯，属于想象竞合犯；按照具体符合说，根据甲对李某死亡的事实是否存在过失，甲可能成立过失致人死亡罪或者意外事件。(2 分)

4. 在事实四中，甲成立故意死杀人罪。

（1）根据《刑法》第 18 条第 2 款的规定，间歇性精神病人在精神正常的时候犯罪的，应当负刑事责任。甲明知可能刺死被害人，仍然不计后果，将刀刺向被害人，放任死亡可能发生，属于间接故意的杀人行为，甲应对其行为负刑事责任。(2 分)

（2）对于甲杀死被害人事实的处理意见，存在以下两种观点：观点一认为，按照行为与责任同时存在的原则，甲杀死被害人时已经没有责任能力，故甲仅负故意杀人罪未遂的刑事责任，对被害人的死亡结果不负刑事责任。（1 分）观点二认为，甲对被害人死亡结果也应当承担刑事责任，应成立故意杀人罪既遂。（1 分）我主张观点二，因为被害人的死亡依然属于甲杀人行为延续而导致的结果，最终实现了故意杀人既遂这一犯罪构成，甲主观上也具有杀人的故意，故甲应当负故意杀人罪既遂的刑事责任，这与行为与责任同时存在的原则并不矛盾。(1 分)

案例三

案情： 甲因与他人发生争执而被砍伤头部后逃离，但加害人仍不罢休，持刀追赶。途中，甲多次拦车欲乘，均遭司机拒绝。正当加害人行将追至时，适逢李某骑摩托车缓速经过，惊恐不已的甲当即哀求李某将其带走，遭拒绝。眼见加害人将近，情急之下，甲一手抓住摩托车右把手并控制住油门，一手将李某推下摩托车（李某倒地，但未受损伤），骑车逃脱。（事实一）

甲驾车行驶到安全地方后停歇，惊魂未定，才想到摩托车怎么处理。此时，装于摩托车尾部的工具箱引起了甲的注意。甲撬开该箱，发现内有现金5000多元、5万元存单一张、信用卡一张、居民身份证一张。甲顿生贪欲，随后到银行柜台使用存单、信用卡和居民身份证取出了存单记载的5万元钱以及信用卡中记载的3万元钱，并将摩托车（价值1.2万元）送与不知情的乙。（事实二）

几天后，甲邀约乙为自己入户盗窃望风。甲入户后发现被害人丙女在家，遂强行捆绑丙女，并取走了丙女的财物。甲出门后告诉了乙真相，乙提出打算强奸丙女，甲没有进行阻止，而是直接离开现场。乙强奸结束后离开时发现楼下起火，乙未加理会，扬长而去，丙女因无法逃离而被烧死。（事实三）

问： 根据刑法理论分析甲、乙行为的性质及其刑事责任。

参考答案与分析思路

1. 事实一，甲的行为属于紧急避险，既不成立故意伤害罪，也不成立财产犯罪。

(1) 甲被人追杀，其生命正遭受紧迫、现实的危险；(1分) 为保护自己的生命，甲不得已才将李某推下摩托车并夺走其摩托车，(1分) 其行为没有超过必要限度造成不应有的损害，故甲的行为属于紧急避险。(1分)

(2) 相应地，甲将李某推下车的行为不成立故意伤害罪未遂，(1分) 甲夺走李某摩托车的行为也不成立抢劫罪、抢夺罪等财产犯罪。(1分)

2. 事实二，甲的行为成立盗窃罪（数额8.5万元）、侵占罪（数额1.2万元），应当数罪并罚。(1分)

(1) 甲因紧急避险取得李某的摩托车，甲与该摩托车之间建立起了事实上的占有关系，摩托车属于“代为保管物”。(1分) 如甲事后将其归还，则甲不成立犯罪，但甲以非法占有为目的，将摩托车送与他人，实施了变占有为所有的侵占行为，数额为1.2万元，成立侵占罪；但乙不知真相，取得摩托车的行为不成立掩饰、隐瞒犯罪所得罪。(1分)

(2) 尽管甲占有了摩托车，但对上锁的工具箱内的财产并未占有，即甲对封缄物的内容物并不占有，内容物仍属于被害人李某占有。(1分) 甲以非法占有为目的，违反李某意志，撬开工具箱后将5000元现金、存单、居民身份证、信用卡等财物据为己有，成立盗窃罪。(1分)

(3) 甲盗窃李某信用卡后到银行柜台取款3万元的行为，属于“盗窃信用卡并使用”的情形。《刑法》第196条第3款作了拟制规定，即盗窃信用卡并使用的，成立盗窃罪；故甲利用信用卡取钱的行为，应以盗窃罪论处，数额3万元。(1分)

(4) 至于甲持盗窃的金融凭证存单到银行柜台取得现

金5万元的行为定性，刑法理论上存在不同观点。观点一认为，盗窃存折、存单后使用的，成立盗窃罪，故甲利用存单取款5万元的行为成立盗窃罪。（1分）观点认二为，甲侵犯被害人财产的行为是去银行柜台取钱的行为，而且甲使用他人真实、有效的存单骗取财产，该行为成立诈骗罪，不成立金融凭证诈骗罪。（1分）前者是司法解释的立场，类推适用了“盗窃信用卡并使用的，成立盗窃罪”的规定，但该规定属于法律拟制，能否将其类推适用于存单，不乏争议；故从合理性上讲，观点二更可取。（1分，该点属于开放性回答）

3. 事实三，甲、乙在盗窃罪范围内成立共犯，甲成立（入户）抢劫罪既遂，乙成立盗窃罪既遂的帮助犯；甲、乙成立强奸罪既遂的共犯，乙是正犯，甲是不作为方式的共犯。

（1）甲入户盗窃，被丙发现后，为强行取得财物，将丙捆绑，事实上压制了丙的反抗，并强行取得了财物，甲成立（入户）抢劫罪既遂。（1分）乙在客观上帮助了甲入户抢劫的行为，但乙主观上没有抢劫故意，故乙不成立抢劫罪的帮助犯；（1分）乙主观上具有帮助盗窃行为的故意，从法律评价上看，甲实施的抢劫行为完全符合盗窃行为的构成要件，故乙的行为在盗窃罪范围内主客观一致，成立盗窃罪的帮助犯；（1分）乙事后知道甲抢劫的事实，但不能因此改变甲先前行为的性质，因为责任应与行为同时存在。（1分）按照部分犯罪共同说，甲、乙在盗窃罪的范围内成立共犯，甲成立抢劫罪，乙成立盗窃罪；（1分）甲在共犯中起了主要作用，属于主犯，而乙仅起了辅助性作用，属于从

犯，对乙应当从轻、减轻或者免除处罚。(1分)

(2) 乙趁被害妇女丙不能反抗之际，违背其意志而强行奸淫，其行为成立强奸罪既遂。(1分) 甲将丙捆绑的行为在客观上为乙强奸丙提供了帮助，但甲在捆绑丙时并无强奸故意，故该行为不成立强奸罪的共犯；(1分) 但甲将丙捆绑，使得丙失去了反抗的能力，甲对于丙遭遇的法益侵害危险负有阻止的义务，故甲能阻止而不阻止乙强奸丙，其不作为的行为成立强奸罪既遂的共犯。(1分) 甲、乙成立强奸罪既遂的共犯，但二人均对强奸事实的实现起到了主要作用，都属于主犯。(1分)

(3) 甲捆绑丙，致使丙面临火灾之际无法逃生，其行为与丙的死亡之间至少存在条件关系；(1分) 但是，即使认定甲存在不作为的行为，但甲完全不可能预料到火灾的发生以及丙被烧死的事实，故甲对于丙的死亡不负刑事责任，属于意外事件。(1分) 乙的行为与丙的死亡之间不存在因果关系，因为乙的强奸行为本身并未制造也未增加丙面临火灾无法逃生的危险。(1分)

案例四

案情：某晚，甲一家三口入睡后，忽然听到有人在其家屋外喊叫甲与其妻的名字。甲便到外屋查看，见一人已将外屋窗户的塑料布撤掉一角，正从玻璃缺口处伸进手开门栓，甲用拳头打那人的手一下，该人急抽回手并逃走。甲出屋追赶不及，也没认出是何人，随即回屋带上一把自制的木柄尖刀，与其妻一道，锁上门后（此时其5岁的儿子仍在屋里睡觉），同去村书记家告知此事，并到村委会向镇派出所电话报警。甲与其妻报警后急忙返回自家院内时，发现自家窗前处有俩人影，此二人系本村村民乙与王某来甲家串门，见房门上锁正欲离去。甲未能认出二人，而误认为是刚才意图非法侵入住宅之人，见二人向其走来，疑为要袭击他，遂用手中尖刀刺向走在前面的王某，致使王某当场死亡。乙见状上前抱住甲，大喊“我是乙”，甲闻声停住，方知出错。（事实一）

甲与李某系同胞兄弟，李某患精神疾病10余年，因不能辨认和控制自己的行为，经常无故殴打他人。某日，李某追打村中儿童，又手持木棒、砖头在公路上追撵其兄甲。甲在跑了几圈后，因无力跑动，便停了下来，转身抓住李某的头发将其按倒在地，并夺下木棒朝持砖欲起身的李某头部打了两棒，致使李某当即倒地。后甲将木棒、砖头捡回家，一小时后，甲发现李某尚未回家，随即赶到现场将受伤的李某送往医院，李某经抢救无效而死亡。(事实二)

乙怀疑甲与自己的妻子张某存在不正当关系，遂心怀不满。某晚，乙来到甲租用房间外，将甲叫出，责问其与张某的关系，双方发生争执。争执中，双方互用手指指着对方。随后，甲返回屋内，将一把多功能折叠式水果刀张开刀刃插在裤袋里，然后出门。在门口不远处，乙和甲再次发生争执，互不相让，并用中指比划责骂对方。乙威胁说：“真的要打架吗?”甲说：“打就打!”乙遂即出拳击打甲，甲还手，二人厮打在一起。在这过程中，甲拔出水果刀朝乙胸部猛刺一刀，乙被送往医院后经抢救无效而死亡。(事实三)

甲被抓获后，如实供述了自己五年前的犯罪事实：甲在外地打工期间，甲、丙共谋杀死赵某，甲、丙持刀砍向赵某时，甲持刀不慎刺中了丙，致使丙经抢救无效而死亡，而赵

某趁机逃走。(事实四)

问：根据刑法理论分析甲的行为性质及其刑事责任。

参考答案与分析思路

1. 甲将王某刺死的行为属于假想防卫过当。甲主观上误以为王某与乙要袭击自己，为制止其“不法行为”而对王某实施了伤害行为，甲的行为属于假想防卫。(1 分) 甲的行为致使王某死亡，明显超过必要限度造成了重大损害，属于假想防卫过当；(1 分) 虽然假想防卫属于事实认识错误，其本身不成立故意犯罪，但甲对过当结果至少存在间接故意，应成立故意伤害（致死）罪。(1 分) 假想防卫过当不属于防卫过当，应类推适用防卫过当的处罚规定，即对甲应当酌情减轻或者免除处罚，这属于有利于行为人的类推解释。(1 分)

2. 甲致使李某死亡的行为是否属于正当防卫，刑法理论存在不同观点：

观点一认为，精神病患者对其实施的侵犯他人利益的行为不负刑事责任，其行为不属于不法侵害行为，故甲将李某打倒的行为不属于正当防卫。(1 分) 甲为保护自己生命、身体健康不得已制止李某的攻击行为，属于避险行为；(1 分) 但甲致使李某死亡，超过必要限度造成了不应有的损害（对生命的绝对保护），属于避险过当，属于违法行为，应当减轻或者免除处罚。(2 分) 由于行为当时期待甲实施合法行为的可能下降，故甲即使成立犯罪，也可以因缺乏期待可能性或者期待程度下降而缺乏责任或者酌情从宽处罚。(1 分)

观点二认为，精神病患者对其实施的侵犯他人利益的行为虽然不负刑事责任，但仍属于违法行为，即李某存在正在发生的现实的不法侵害，（1 分）而且李某的行为属于严重危及人身安全的暴力违法行为。（1 分）甲为制止李某不法侵害行为将其打倒在地致使其死亡的行为属于特殊正当防卫，不属于防卫过当，不负刑事责任。(1 分)

观点一是传统四要件犯罪构成体系下坚持的观点，观点二是违法有责阶层犯罪论体系坚持的观点。观点二可以更加全面、完整评价案件事实，对甲和李某行为的评价可以合理解决法秩序一致性等问题。(1 分，开放式回答)

3. 甲刺死乙的行为成立故意杀人罪既遂。

甲、乙双方在争吵中相约斗殴，双方都有伤害故意，都不具有正义性，不成立正当防卫。（1 分）甲、乙斗殴的行为不属于聚“众”斗殴，不成立聚众斗殴罪。（1 分）在斗殴中，甲客观上用刀刺向乙的胸部这一致命部位并致使乙死亡，主观认识上至少放任可能引起死亡结果的发生，故甲成立故意杀人罪既遂。(1 分)

4. 甲对赵某成立故意杀人罪未遂，对丙属于偶然防卫。甲供述杀人事实不属于自首。

（1）甲以杀人故意对赵某实施杀人行为，因意志以外的原因未得逞，故甲对赵某成立故意杀人罪未遂。(1 分)

（2）对于甲客观上导致丙死亡的事实，甲主观上存在方法错误（或者打击错误）；（1 分）甲导致丙的死亡属于偶然防卫，因甲主观上不存在防卫意识，而客观上阻止了丙正在实施的杀人行为。(1 分）刑法理论存在不同观点：

观点一认为，如果坚持防卫意识必要说（行为无价值论），则甲对丙的行为没有防卫意识，不成立正当防卫，而属于违法行为。（1 分）按照法定符合说，甲对丙的死亡存在犯罪故意。但考虑到丙正在实施严重危及人身安全的暴力犯罪，其生命法益是否值得保护存在分歧，故甲的行为或成立故意杀人罪既遂，或成立故意杀人罪未遂。（1 分）相应地，如果按照具体符合说，则甲致使丙死亡的行为要么成立过失致人死亡罪，要么无罪。（1 分）如果认为甲对丙成立犯罪，则与针对赵某的故意杀人罪属于想象竞合犯，从一重罪论处。（1 分）

观点二认为，如果采取防卫意识不要说（结果无价值论），由于丙正在实施严重危及人身安全的暴力犯罪，其生命法益不受保护；（1 分）甲的行为不可能侵犯值得刑法保护的法益，即未造成法律禁止的危害结果，甲的行为不属于违法行为，甲不成立犯罪，甚至可认定为正当防卫。（1 分）

观点一侧重于社会秩序的维护，观点二侧重于自由人权的保护，二者皆有一定道理。如何对其进行取舍，取决于社会形势需要，以及刑事政策的考量等等。（1 分，开放式回答）

（3）甲被抓获以后如实供述自己的杀人行为不属于准自首，因为甲供述的是故意杀人罪，属于司法机关所掌握的犯罪的同种罪行。（1 分）

案例五

案情：甲因故意伤害罪被判处 6 年有期徒刑，2000 年 1 月 1 日执行 3 年整后假释。

2001 年 1 月 1 日，甲在 KTV 碰到前女友乙及其闺蜜丙女。甲劝说乙将丙带回其住处，骗丙喝下迷药，甲趁机强奸了丙。随后甲、乙为灭口，将丙用绳子勒死后运到郊外予以掩埋。在掩埋尸体时，甲趁乙不注意时将丙身上的戒指（价值 3000 元）取下来据为己有。后经法医鉴定，丙系被掩埋而窒息死亡。公安机关立案后一直未破案。

2014 年 1 月 1 日，甲在电子商城闲逛的时候，看到某手机销售店店家王某因拉肚子急匆匆上洗手间，甲遂站在柜台前，假装是店员将手机卖给打算购买手机的张某。张某将 1 万元钱交给甲后，将王某之前放在柜台上的手机取走。甲随之逃跑。

2016 年 1 月 1 日，怀孕的乙多次梦见丙女，内心恐惧，遂到公安机关报案。乙因怀孕被公安机关指定居所监视居住，但乙趁去医院检查身体时逃匿。甲知道后迅速逃往外地。公安部门遂将甲、乙二人信息录入全国在逃人员信息库。

2016 年 4 月 1 日，乙因颠沛流离而流产，准备回老家向公安机关投案，乙在刚回到县城车站时，被闻讯赶来的警察抓获。乙随后交代了自己迷晕丙以及甲强奸丙的事实，但隐瞒了与甲一起杀害丙的事实。乙向公安机关提供了犯罪后知道的甲在外地的藏匿地址，但警察赶到时，甲早已逃跑。

2016 年 5 月 1 日，甲在逃亡过程中，在公交车上扒窃他人钱包，发现内有现金 300 元与一张信用卡。甲随后持卡到商场准备刷卡购买钻戒（价值 3 万元），但收银员发现这是一张作废的信用卡，当即报警，甲被抓获。

在讯问过程中，甲如实供述了自己的犯罪事实，并供述了 2001 年实施的强奸、杀人、取财的事实以及 2014 年在商场偷卖他人手机的事实，同时揭发了乙共同参与杀人的事实。

问：根据刑法理论全面分析甲、乙行为的性质及其刑事责任。

参考答案与分析思路

1. 甲故意伤害罪的假释考验期限为剩余刑期3年，甲在此期间犯新罪，因之前的故意伤害罪尚未执行完毕，故新犯之罪不成立累犯；（1分）而且无论什么时候发现所犯新罪，都应当撤销假释决定，执行原判刑罚中的剩余刑期，因新罪未过追诉期限，故应适用《刑法》第71条的规定，以“先减后并”原则数罪并罚。(1分)

2. 甲、乙成立强奸罪、故意杀人罪的共犯，应当数罪并罚。

（1）甲、乙共谋，违反丙的意志，由乙实施压制丙反抗的手段行为，甲强行奸淫了丙，甲、乙成立强奸罪既遂的共同正犯，但不属于轮奸情节。由于甲、乙均对强奸行为发挥了主要作用，二人均是主犯。(1分)

（2）甲、乙二人杀害丙的行为不属于强奸的手段行为，不成立强奸罪的结果加重犯，而是成立故意杀人罪共犯。(1分）甲、乙以为其故意杀人行为导致了丙死亡，但实际上丙死于之后的毁尸灭迹行为，这种情形属于事前故意（韦伯的概括故意）。(1分）观点一认为，甲、乙的故意杀人行为与丙的死亡在客观上存在因果关系，只是主观上存在因果关系错误，但该错误不影响犯罪故意的认定，故甲、乙成立故意杀人罪既遂的共犯。（1分）观点二认为，甲、乙的故意杀人行为与丙的死亡之间不存在因果关系，因其被介入的毁尸灭迹行为所中断，故前行为成立故意杀人罪未遂的共犯，后行为甲、乙分别成立过失致人死亡罪，应当数罪并罚。（1分）观点一是刑法理论中的通说立场。（1分，开放式回答，言之成理即可）

（3）甲客观上取得戒指的行为属于盗窃行为，因丙尚未死亡，其戒指依然属于丙占有；甲在主观上误以为丙已经死亡，即甲并未认识到丙仍然占有戒指的客观事实。能否据此认定甲主观上具有盗窃故意，会导致处理结论不同：如果主张死者占有其财物，则甲误以为丙已经死亡不会影响盗窃故意的认定，则甲成立盗窃罪。（1分）如果主张死者不占有财物，其身上的财物属于遗忘物，则甲的行为客观上虽然是盗窃，但甲主观上并未认识到丙占有戒指的事实，而是误以为属于遗忘物，即具有侵占的故意，甲的行为属于抽象的事实认识错误，按照法定符合说，在侵占范围内主客观一致，但因未达到数额较大标准而不成立犯罪。（1分）前者是传统理论的观点，后者是新近学说。（1分，开放式回答，言之成理即可）

（4）甲、乙的强奸罪属于基本犯，其追诉期限为15年；甲、乙的故意杀人罪追诉期限为20年。故甲在2014年1月1日及其之后犯新罪，属于在追诉期限内再犯新罪的情形，其强奸罪、故意杀人罪尚在追诉期限内，其追诉期限从犯新罪之日起重新起算，至案发时两罪均在追诉期限内，应当追究刑事责任。（1分）但甲获取戒指的行为即使被认定为盗窃罪，也已过追诉期限，不再追诉。（1分）

3. 甲以非法占有为目的，将王某手机当作自己的财物卖与张某，属于利用不知真相的张某窃取王某占有的财物，成立盗窃罪的间接正犯。（1分）甲骗取张某1万元的行为是否成立诈骗罪，取决于张某是否存在财产损失：如果主张甲的无权处分行为有效，则张某没有损失，甲不成立诈骗罪；如果主张甲的无权处分无效，则张某存在财产损失，甲成立诈骗罪，与盗窃罪属于想象竞合犯；如果主张甲的处分行为效力待定，其效力依赖于王某是否追认，则甲的行为根据王某事后是否追认而被认为成立或者不成立犯罪。（2分，只要答出两种观点即可）刑法主流观点采取无权处分无效说，即甲成立诈骗罪与盗窃罪的想象竞合犯。（1分，开放式回答，言之成理即可）

4. 乙于2016年1月1日自动投案后又逃跑，不成立自首；（1分）但4月1日又自动投案，并如实供述了自己与甲强奸丙的违法事实，其强奸罪成立一般自首，可以从轻或者减轻处罚；（1分）但乙未供述自己的杀人行为，故乙的故意杀人罪不存在自首情节。（1分）乙提供犯罪后掌握的甲藏匿地址，属于“提供重要线索”行为，但司法机关并未据此抓获犯罪人甲，故乙不成立立功。（1分）

5. 甲在公交车上扒窃他人财物的行为，即使未达到数额较大，也成立盗窃罪。（1分）甲使用盗窃的信用卡去商场骗取财物，因事后证明其使用的是作废的信用卡，故不属于《刑法》第196条第3款规定的情形，而是“使用作废的信用卡”骗取财物的行为，应成立信用卡诈骗罪；甲因意志以外的原因未骗取到数额较大的财物，故成立信用卡诈骗罪未遂，与盗窃罪应当数罪并罚。（1分）

6. 甲被抓获后如实供述自己的信用卡诈骗行为与盗窃

行为，不属于自首，而属于坦白，可以从轻处罚；（1分）甲如实供述的强奸、杀人行为，属于司法机关已经掌握线索的犯罪事实，不成立自首，属于坦白，可以从轻处罚；（1分）甲如实供述2014年实施的盗窃罪与诈骗罪想象竞合的事实，因其犯罪事实属于司法机关已经掌握的犯罪的同种罪行（盗窃罪）或者具有事实的关联性（诈骗罪），不成立准自首，属于坦白；（1分）甲揭发同案犯乙共同参与的杀人行为，不成立立功，属于坦白的范围。（1分）

案例六

案情：甲、乙因感情受挫，遂参加了某一恐怖组织，并决心利用雷管、炸药等制造爆炸事件以引起社会关注。（事实一）

甲、乙找到牧民丙，以揭发其犯罪行为相威胁，要求丙将其配置猎枪出借给自己，丙无奈之下只好将配枪出借给甲、乙。（事实二）

甲、乙为获取爆炸物，进入一建设工地意图盗窃雷管、炸药等，正在搬运时被保安发现后逃跑，为了抗拒抓捕将保安打成重伤。甲、乙也在逃跑中失散。（事实三）

甲丧心病狂，持枪控制了一辆公交车，逼迫司机驾驶公交车在市区街道横冲直撞，撞伤多人后被警方抓获。（事实四）

乙知道甲被抓获后，深感彷徨和恐惧，晚上在酒吧喝得酩酊大醉后驾驶汽车到城市广场，将汽车油缸引爆，但由于周围群众反应极快，无人受伤，仅乙被炸成重伤后被抓获。（事实五）

事后发现，乙驾车赶往城市广场的路上还将一行人撞

死，但查不清楚行人是当场被撞死还是因得不到及时救治而死亡。（事实六）

问：根据刑法规定和相关理论，全面分析甲、乙、丙的刑事责任。

参考答案与分析思路

关于本案事实，分析如下：

1. 甲与乙明知是恐怖组织而故意参加的，成立参加恐怖组织罪（既遂）；（2分）参加恐怖组织之后，如果又实施其他犯罪的，应当数罪并罚。（2分）

2. 甲与乙以揭发犯罪行为相威胁，要求牧民丙出借配置猎枪，丙因而非法出借枪支，之后甲持枪实施了其他犯罪，造成严重后果，丙的行为成立非法出借枪支罪的实行犯，而甲、乙成立非法出借枪支罪的教唆犯，之后甲、乙非法持有枪支的行为成立非法持有枪支罪，应当数罪并罚。（6分）

3. 甲、乙盗窃爆炸物的行为，符合盗窃罪的犯罪构成；在盗窃当场为了抗拒抓捕将保安打成重伤的，甲、乙成立（事后）抢劫罪共犯，属于抢劫致人重伤的情形，其行为不成立抢劫爆炸物罪。甲、乙的行为成立盗窃爆炸物罪与抢劫罪，属于想象竞合犯，择一重罪处罚。（6分）

4. 甲持枪控制了一辆公交车的行为成立劫持汽车罪既遂；随后逼迫司机驾驶公交车在市区街道横冲直撞，撞伤多人的，成立以危险方法危害公共安全罪，应当数罪并罚。（4分）

5. 乙喝得酩酊大醉后驾驶汽车到城市广场，属于危险驾驶行为，成立危险驾驶罪。乙在公共场所将汽车油缸引爆，虽然没有其他人受伤，但具有危及不特定多数人生命、健康和财产安全的具体、现实危险，成立爆炸罪，与危险驾驶罪应当数罪并罚。乙的行为导致自己重伤，不属于爆炸罪的加重情节。(5分)

6. 乙的违章行为将行人撞死，如果证明是当场撞死行人，则成立交通肇事罪，具有逃逸情节；如果证明是逃逸行为致使行人得不到及时救治而死亡，则属于交通肇事逃逸致人死亡的情形。由于无法证明行人如何死亡，按照存疑时有利于行为人的原则，应将死亡归于肇事行为，故乙成立交通肇事罪，具有逃逸情节。(5分)

综上，甲、乙、丙的行为评价如下：

(1) 甲成立参加恐怖组织罪既遂、非法出借枪支罪(教唆犯)、非法持有枪支罪、(事后) 抢劫罪与盗窃爆炸物罪的想象竞合犯、劫持汽车罪、以危险方法危害公共安全罪，数罪并罚。

(2) 乙成立参加恐怖组织罪 (既遂)、非法出借枪支罪(教唆犯)、非法持有枪支罪、(事后) 抢劫罪与盗窃爆炸物罪的想象竞合犯、危险驾驶罪、交通肇事罪、爆炸罪，数罪并罚。

(3) 丙成立非法出借枪支罪。

案例七

案情： 甲、乙共谋要“狠狠教训一下”他们共同的仇人李某，但乙暗藏杀人之心。到李某家后，甲、乙进屋打李某。但当时只有李某的好友张某在家，甲、乙误把体貌特征和李某极为相似的张某当作是李某进行殴打，导致张某伤重抢救无效而死亡。事后尸检表明，张某身上只有一处致命伤，但查不清是谁实施了致张某死亡的致命伤。

甲、乙乘坐丙驾驶的小轿车逃跑，丙因超速行驶在偏僻处将村民孙某（65 周岁）撞倒。甲、乙下车将孙某抬至路旁，然后指使丙驾车逃逸。丙说："不能走，走了罪更大。"甲说："如果被发觉，我就完了。"丙遂驾车逃逸，孙某因未能得到及时救治而死亡。

甲、丙逃往外地打工，并结识了丁，三人多次以"碰瓷"的手段在街头敲诈他人财物。

某日，丙、丁再次预谋以此手段进行敲诈，由于甲与丁有矛盾，没有参与预谋。丙、丁二人来到某路口，将赵某作为敲诈对象，由丙拿一块手表故意冲撞赵某，然后借口让赵某赔偿。赵某拒绝赔偿，二人遂对赵某进行殴打，赵某被迫交出 100 元。丙、丁仍不罢休，将赵某推倒在地，丙强行夺下赵某的手包，赵某大声呼喊，丁见状匆忙逃走，丙持手包欲逃时，被赵某抱住腿，丙便将手包扔在路旁，挣开赵某的手意图逃跑。

与此同时，甲恰巧正在现场附近吃面条，目睹了丙、丁作案的全过程，当其看到丙将手包扔在路旁时，趁赵某与丙扭打之际将手包拿走，并将手包中 1.2 万元中的 1 万元藏起来，当丙、丁追上索要手包时，甲将内装 2000 余元、一块假金条和发票等物品的手包交与丙、丁。

问：根据刑法规定与相关理论分析甲、乙、丙的行为性质及其刑事责任。

参考答案与分析思路

1. 甲、乙具有共犯关系，乙成立故意杀人罪既遂，甲成立故意伤害（致死）罪。

(1) 甲、乙二人通谋后将张某当作李某共同殴打致死，具有共犯关系（或者在故意伤害罪范围内成立共犯）；（1分）乙有杀人故意，成立故意杀人罪，（1分）但甲仅有伤害故意，应成立故意伤害罪。（1分。注意：殴打本身不属于伤害，但将被害人直接打成重伤则肯定有伤害故意）

(2) 按照"部分实行全部责任"的原则，无论谁导致张某死亡，在客观上均应将张某的死亡结果归属于甲、乙二人；（1分）主观上甲、乙存在具体事实认识错误中的对象错误，（1分）无论按照法定符合说还是具体符合说，甲、乙都存在犯罪故意，（1分）故甲成立故意伤害（致死）罪，（1分）乙成立故意杀人罪既遂。（1分）

2. 甲、乙、丙成立故意杀人罪与交通肇事罪的想象竞合犯。

(1) 对于丙交通肇事后逃逸致使被害人孙某死亡的行为，有不同的处理意见：观点一认为，交通肇事罪"因逃逸致人死亡"不以行为人的交通肇事行为成立交通肇事罪的基本犯为前提，故丙成立交通肇事罪，属于"逃逸致人死亡"的情形。（2分）观点二认为，交通肇事罪"逃逸致人死亡"要求行为人的交通肇事行为已经成立交通肇事罪的基本犯，但本案中无法证明丙肇事行为已经成立交通肇事罪，故只能将死亡结果归属于交通肇事行为，丙成立交通肇事罪的基本犯。（2分）观点一是司法解释的观点，视"逃逸致人死亡"为交通肇事罪的独立类型而非交通肇事罪的加重情节；观点二认为"逃逸致人死亡"属于交通肇事罪的加重情节。（2分，简要阐述理由）甲、乙二人在丙交通肇事后指使其逃逸，致使孙某未得到及时救助而死亡，丙成立交通肇事罪，

甲、乙也应承担交通肇事罪的刑事责任。(1分)

（2）丙在偏僻处撞倒65周岁的孙某，如果无人救助孙某，孙某具有死亡的可能性；（1分）丙认识到自己具有救助义务，能救未救，放任孙某死亡结果的发生，丙成立不作为的故意杀人罪既遂，（1分）与交通肇事罪属于想象竞合犯；（1分）甲、乙二人教唆丙不履行其救助义务，致使丙未救助孙某，最终致其死亡，应成立不作为故意杀人罪既遂的教唆犯，(1分）与交通肇事罪属于想象竞合犯。(1分)

3. 甲、丙、丁成立抢劫罪的共犯。

（1）丙、丁二人在实施诈骗与敲诈勒索竞合行为的过程中，犯意转化，（1分）以非法占有为目的，对赵某实施足以压制反抗的暴力行为，以压制反抗、强行取财，其行为成立抢劫罪。（1分）在丙、丁抢劫过程中，甲明知真相，以共犯意思（从事后分赃等事实足以证明其具有共犯意思）参与实施了取财行为，成立抢劫罪的共犯，属于承继的共犯。(1分）甲、丙、丁成立抢劫罪共犯，犯罪数额均为1.2万元，（1分）其中丙、丁属于主犯，甲属于从犯，应当从轻、减轻或者免除处罚。(1分)

（2）甲将抢劫所得财物中的1万元据为己有的行为与甲、丙、丁私分赃物的行为均不成立犯罪，因其属于抢劫所得的赃物，本犯藏匿与私分的行为不具有期待可能性，不成立犯罪。(2分)

案例八

案情： 甲利用出境之便，为多名患者从境外代购少量药品，适当加价后售与他人，从中赚取差价。后来甲发现有利可图，遂将一批境外旧医疗设施、设备偷运进境。

甲找到某市市场监督管理局局长乙，给予其 10 万元，希望乙给某医疗器材公司经理丙打招呼，以便将医疗设施、设备售与该公司，乙随后向丙提出了购买设备的要求。

甲找到丙，告诉了丙真相，丙遂以新设备市场价 300 万元购买了设备，但丙暗示甲只能支付200 万元的货款，甲表示同意，随后丙将剩余100 万元货款从单位提出归自己所有。

丙将该批设备外观整修一新，并贴上国内某著名品牌的注册商标，将其以 300 万元的价格出售给当地医院，后来因发生医疗事故而案发。

在侦查中发现，丙经营的公司在依法缴纳了 100 万税款后，又以虚开骗取出口退税发票的方式骗回税款 300 万元。经税务机关下达追缴通知，丙补缴了 300 万元税款，缴纳滞纳金，并接受行政处罚。

问： 根据刑法规定和相关理论，分析甲、乙、丙的刑事责任。

参考答案与分析思路

1. 关于甲行为的定性与刑事责任分析如下：（1）按照司法解释规定，甲为患者从境外代购少量药品的行为不成立犯罪，其销售少量未经批准进口的国外、境外药品，没有造成他人伤害后果或者延误诊治的，也不成立犯罪。（2 分）（2）甲将境外一些报废的医疗设施、设备偷运进境，偷逃关税的，成立走私普通货物、物品罪；如果经鉴定属于废物的，成立走私废物罪。（2 分）（3）甲为了谋取不正当利益，给予市场监督管理局局长乙 10 万元，成立行贿罪。（2 分）（4）甲明知是不符合标准的医用器材而销售给医疗器材公司，成立销售不符合标准的卫生器材罪；由于销售金额达到5万元以上，其行为还符合销售伪劣产品罪的构成要件，应当按照重法条定罪处罚。（2分）综上，对甲的行为，应以销售伪劣产品罪与销售不符合标准的卫生器材罪中的重罪，走私普通货物、物品罪，行贿罪数罪并罚。

2. 关于乙行为的定性与刑事责任分析如下：（1）国家机关工作人员乙利用职务之便，非法收受甲的财物，承诺为其谋取利益的，成立受贿罪既遂。（2分）（2）乙收受贿赂之后，不正确履行其职权，指使医疗器材公司购买该设备，造成重大损失，成立滥用职权罪。乙收受贿赂后为他人谋取利益的行为成立其他犯罪的，应当数罪并罚。（5分）综上，对乙的行为，应以受贿罪与滥用职权罪数罪并罚。

3. 关于丙行为的定性与刑事责任分析：（1）丙明知是甲走私进口的货物、物品而直接收购的，成立（间接走私方式）走私普通货物、物品罪。（2分）（2）丙在支付甲200万元之后，直接从公司取走100万元的行为，属于利用职务之便将单位财物非法据为己有的行为，成立职务侵占罪既遂（如果支付了300万元给甲，随后收取甲100万元的，则成立非国家工作人员受贿罪）。（3分）（3）丙在其销售的伪劣产品上使用他人注册商标的，触犯假冒注册商标罪，同时触犯销售不符合标准的卫生器材罪、销售伪劣产品罪，还触犯诈骗罪，其中销售不符合标准的卫生器材罪与销售伪劣产品罪是法条竞合关系，应适用重法条，该罪与假冒注册商标罪、诈骗罪属于想象竞合关系。（5分）（4）丙缴纳税款100万元后，又以假报出口为名，骗回300万元的，其中骗回的100万元，成立逃税罪；骗回另外的200万元，成立骗取出口退税罪，应当并罚。但对于丙的逃税罪，应当类推适用《刑法》第201条第4款的规定，不追究刑事责任。（5分）综上，对于丙的行为，应以假冒注册商标罪，销售不符合标准的卫生器材罪，销售伪劣产品罪，诈骗罪中的重罪，与走私普通货物、物品罪，职务侵占罪，骗取出口退税罪数罪并罚。

案例九

案情：甲开超市，捡拾大量面额20元的假币。在顾客消费结账时，甲以破旧、看似假币等理由，让顾客拿出面额20元的人民币付款，趁顾客不注意时将事先准备好的假币与顾客的真币调换，最后又以种种借口将假币退还顾客。甲运用该方法用假币换取真币5万元。（事实一）

甲的妹妹乙为自己投保人身意外伤亡保险，指定甲为受益人。乙后来雇请一名与自己长得很像的保姆吕某，随后将其杀害，并伪造了车祸现场。后案发。（事实二）

甲为救出乙，给予主审法官丙10万元支票。丙非法收受甲的钱财后，判处乙无罪。丙将支票交给好友丁（某商业银行行长），告诉丁真相，丁协助丙将支票贴现后换成等价值的金条交给丙。（事实三）

甲申请贷款。因不符合贷款条件，某商业银行行长丁向甲索要10万元现金，否则贷款“无戏”。甲只好给了丁10万元，但在贷款审批之前丁因犯罪被抓捕。（事实四）

甲发现李某长得影响市容，跟随李某进入宾馆房间将李某杀死。甲随后发现李某钱包并取走，发现内有身份证、信用卡和存单各一张。甲到ATM机上取出了卡内的1万元，后到商场刷卡消费透支了2万元，并到银行将存单里的5万元取走。（事实五）

甲从戊手中购得一辆已保险的轿车，因车辆交易费过高而未在交警部门办理过户手续，也没有向保险公司申请办理变更手续。后来，甲因经济拮据产生诈骗保险金的意图。甲将车卖至外省后，欺骗原车主戊一起向公安机关、保险公司报案，谎称车辆被盗，骗得保险金10万元。（事实六）

问：

1. 在事实一中，关于甲的行为的定性，可能存在哪些观点？你主张哪种观点？

2. 在事实二中，乙的行为如何评价？

3. 在事实三中，甲、丙、丁的行为分别成立何罪？

4. 在事实四中，如何评价甲、丁的行为性质？

5. 在事实五中，甲的行为成立哪些犯罪？

6. 在事实六中，关于甲的行为定性，可能存在哪些观点？为什么？

参考答案与分析思路

1. 在事实一中，对于甲的行为，存在四种处理意见：成立诈骗罪；成立盗窃罪；成立购买假币罪与使用假币罪，以购买假币罪论处；成立诈骗罪与使用假币罪的想象竞合犯。（2分）其中，第四种处理意见具有合理性。第一，甲使用欺骗手段让顾客拿出面额20元的人民币付款时，顾客不仅产生了认识错误，而且具有处分意识与处分行为，故甲的行为应当构成诈骗罪。第二，虽然甲的行为是一种调包行为，但这种行为不同于被害人没有处分意识和处分行为的调包行为，故甲的行为不符合盗窃罪的构成要件。第三，甲将假币冒充真币退还给顾客的行为，虽然可谓是诈骗行为的一部分，但同时也是使假币置于流通的使用行为，故甲的行为同时触犯了使用假币罪。第四，由于甲的诈骗行为与使用假币的行为的主要部分是重合的，即应评价为一个行为，故甲的诈骗行为与使用假币的行为属于想象竞合犯，不能数罪并罚。(4 分)

2. 在事实二中，乙将保姆杀死的行为，成立故意杀人罪既遂。乙的行为不成立保险诈骗罪预备，因为乙为自己投保的行为不能评价为保险诈骗的预备行为，乙杀死保姆的行为并非为了骗取保险金而杀死被保险人，故也不属于保险诈骗的预备行为。(4 分)

3. 在事实三中，甲为谋取不正当利益，而给予国家工作人员丙 10 万元的支票，构成行贿罪，其行贿数额以支票面额为准，即 10 万元。国家工作人员丙利用职务之便，非法收受甲的财物，成立受贿罪。之后丙徇私枉法，明知乙有罪而判处其无罪的，构成徇私枉法罪。按照《刑法》第 399 条第 4 款的规定，应当择一重罪论处。丁明知支票系丙受贿所得财物，而为其改变财产存在方式的，无论丙最终以受贿罪还是徇私枉法罪论处，丁的行为都符合洗钱罪的构成要件，成立洗钱罪。(6 分)

4. 在事实四中，某商业银行行长丁利用职务之便，向甲索取贿赂 10 万元的，成立非国家工作人员受贿罪。甲被勒索给予非国家工作人员丁 10 万元，未获得不正当利益的，应当类推适用《刑法》第 389 条第 3 款的规定，不成立行贿罪，即不成立对非国家工作人员行贿罪。(4 分)

5. 在事实五中，甲杀死李某的行为成立故意杀人罪。李某虽然死亡，但其身上的财物自动转归宾馆管理者占有，故甲将李某钱包取走的行为属于盗窃行为。甲使用盗窃所得的信用卡在 ATM 机上取钱的，成立盗窃罪，犯罪数额为 1 万元。甲到商场刷卡消费透支 2 万元的，因其侵犯的财产不是信用卡中记载的财物，不能适用《刑法》第 196 条第 3 款的规定，不成立盗窃罪，而是属于冒用他人信用卡进行诈骗的行为，成立信用卡诈骗罪，犯罪数额为 2 万元。甲冒用被害人的存单取款的，不成立金融凭证诈骗罪，而是成立诈骗罪，犯罪数额为 5 万元（有观点主张成立盗窃罪，即盗窃他人存单取款的，以盗窃罪论处）。(6 分)

6. 在事实六中，如果将甲认定为车辆保险的受益人（将刑法上的受益人作不同于保险法上的受益人的解释），则甲的行为构成保险诈骗罪的直接正犯。如果按照保险法解释受益人（将刑法上的受益人作等同于保险法上的受益人的解释），则甲不是受益人（更非投保人与被保险人），不成立保险诈骗罪的直接正犯或者间接正犯，仅成立普通诈骗罪的直接正犯。甲利用不知情的原车主戊向保险公司实施了骗取保险金的行为，甲成立保险诈骗罪的教唆犯与诈骗罪的直接正犯，属于想象竞合犯。(4 分)

案例十

案情： 某房地产公司为进入股市炒股大捞一笔，总经理甲决定，大量招聘售楼人员，要求每个新入职员工缴纳 10 万元以上“保证金”，并根据缴纳数额多少发给每月薪酬。

由于房地产业不景气以及政府抑制房价的决心，该房地产公司资金链不可逆转地断裂，甲遂指使会计乙以虚假的产权证明向某商业银行申请贷款，并给予该银行行长丙 10 万元高仿真假币。

丙审核贷款申请时发现该房地产公司不符合贷款条件，但仍然批准发放贷款1000万元，致使银行遭受重大损失。事后发现，丙是国有银行委派到该商业银行从事公务的工作人员，对此，甲事先知情但乙不知情。

数日后，甲、乙因人举报骗取贷款而被拘留，乙随后交代了自己与甲行贿丙的事实，并使得丙的受贿行为得以追究，此外乙还交代了自己通过伪造票证等方式骗取数额巨大的医疗保险金的事实，经查证属实。

甲被抓获后交代了如下事实：丁在担任某市国有资产管理局局长期间，在某国有企业改制时，低价折股、出售该企业给其子，甲随后从丁的儿子手中收购该企业，再转手予以抛售，获利200万元。后经查证属实。

问：根据刑法规定和相关理论，全面分析甲、乙、丙、丁的刑事责任。

参考答案与分析思路

1. 关于甲行为的定性与刑事责任分析：

（1）房地产公司为从事货币资本的运营，以招聘员工为名、行非法募集资金之实，属于非法吸收公众存款的行为，成立非法吸收公众存款罪。总经理甲应当承担非法吸收公众存款罪的刑事责任。（2分）

（2）房地产公司资金链已经断裂，总经理甲决定以虚假的产权证明向某商业银行申请贷款的，属于以非法占有为目的诈骗银行贷款的行为，由于刑法没有规定单位成立贷款诈骗罪，故应认定甲、乙成立贷款诈骗罪的共犯。（3分）

（3）甲为谋取不正当利益，明知丙是国家工作人员而

给予其10万元假币的行为，成立行贿罪与使用假币罪的想象竞合犯，择一重罪处罚。(3分)

（4）甲被抓捕后揭发丁的犯罪事实，查证属实的，属于立功。甲收购企业并转手抛售自己所买企业的行为不成立犯罪。(2分)

2. 关于乙行为的定性与刑事责任分析：

（1）乙与甲共同进行贷款诈骗行为，成立贷款诈骗罪的共犯。(2分)

（2）乙为谋取不正当利益，不知道丙是国家工作人员，而给予其10万元假币的行为，成立使用假币罪（甲、乙成立共犯）与对非国家工作人员行贿罪（甲、乙成立共犯）的想象竞合犯。乙的行为不成立行贿罪：客观上乙实施了行贿罪的违法行为，但主观上乙没有行贿罪的故意，不成立行贿罪；主观上乙具有对非国家工作人员行贿罪的故意，客观上实施了行贿罪行为，属于抽象的事实认识错误，成立对非国家工作人员行贿罪。(6分)

（3）乙因贷款诈骗罪被采取强制措施后，如实供述行贿事实的，属于“行贿人被追诉前主动交代自己的行贿行为”，可以从轻或者减轻处罚；乙供述行贿事实因此使得丙的受贿行为得以被追究的，不成立立功，因行贿、受贿属于对向犯。(4分)

（4）乙使用欺骗方法骗取医疗保险金的行为，成立诈骗罪；乙如实供述司法机关还未掌握的本人的诈骗罪，成立特别自首。(3分)

3. 关于丙行为的定性与刑事责任分析：

（1）国家工作人员丙利用职务之便，收受甲、乙的财

物，承诺为其谋取利益的，成立受贿罪。(2 分)

(2) 丙明知甲、乙不符合贷款条件，仍然发放贷款，给银行造成重大损失的，成立违法发放贷款罪，与受贿罪数罪并罚。(2 分)

4. 关于丁行为的定性与刑事责任分析：

国家机关工作人员丁徇私舞弊，利用职务之便，低价折股、出售国有资产给其亲友的，成立徇私舞弊低价折股、出售国有资产罪与贪污罪，属于想象竞合犯，择一重罪处罚。(3 分)

案例十一

案情： 甲（25 周岁）对乙（14 周岁）谎称赵某欠自己 10 万元钱，邀约乙与自己一起扣押赵某。随后甲、乙将赵某扣押，并要求赵某筹集钱款，否则不予释放赵某。由于赵某不予配合，甲、乙遂殴打赵某，致使其死亡。(事实一)

两个月后，甲为收买妇女，唆使丙拐卖妇女。丙遂绑架李某（女，17 周岁）以出卖，遭到李某反抗，丙将李某打成重伤，之后多次对李某实施强制猥亵、侮辱行为，并利用李某等多名未成年人诈骗他人财物 2000 多元。后来甲与其表弟张某收买了李某。(事实二)

乙听说张某收买了妇女李某，遂找到张某，与张某一起强奸李某后又迫使李某卖淫。事后案发，张某被抓获，乙逃脱。(事实三)

丙在潜逃过程中，生活无着落，遂入户盗窃，被发现后，为抗拒抓捕，向被害人腹部猛踢一脚，被害人拼死抓住丙。经过现场的甲经丙请求，也向被害人的腹部猛踢一脚，被害人因脾脏破裂流血过多而死亡，但不能查明谁的行为导

致被害人脾脏破裂。(事实四)

甲被抓获后主动交代了自己1年前与丁一起犯罪的案件事实:为了贩卖牟利,甲与丁偷盗婴儿一名,但没有联系到买家,甲、丁遂以绑架为由,向婴儿父母索要赎金20万元。在遭到拒绝之后,甲、丁将婴儿杀害后掩埋。后经查证属实。(事实五)

甲还向司法机关检举揭发了丁3年前杀人的犯罪事实:丁为杀害仇人张某,盗窃手枪一支、子弹若干发,然后在张某回家路上开枪射击,不仅将张某打死,还打死了附近跑步的王某。后经查证属实。(事实六)

问:请根据刑法规定与刑法理论全面分析甲、乙、丙、丁行为的刑事责任。

参考答案与分析思路

1. 事实一:甲、乙至少成立非法拘禁罪的共犯。(1分)(1)甲成立抢劫罪,不成立绑架罪,因为甲仅向赵某本人索要钱财;(1分)甲殴打致使赵某死亡行为属于“抢劫致人死亡”的结果加重犯。(1分)(2)乙以为索要债务而将赵某扣押的行为成立非法拘禁罪;(1分)之后使用暴力致使被害人赵某死亡的行为,法律将其拟制为故意杀人罪。(1分)

2. 事实二:(1)甲为收买妇女而指使丙拐卖妇女的行为成立拐卖妇女罪的教唆犯;(1分)甲与其表弟再收买被拐卖的妇女的,成立收买被拐卖妇女罪的共犯。(1分)甲的行为不属于牵连犯,应当数罪并罚。(1分)(2)丙绑架李某意图出卖成立拐卖妇女罪的加重情节,将李某打成重伤的行为属于拐卖妇女罪的结果加重犯,与甲在拐卖妇女罪的范围内成立共犯；（1 分）丙强制猥亵、侮辱李某的行为成立强制猥亵、侮辱罪，应当数罪并罚；（1 分）丙利用未成年人诈骗的行为成立组织未成年人进行违反治安管理活动罪，应当数罪并罚，但该行为因仅诈骗 2000 余元，不成立诈骗罪。（1 分）（3）张某成立收买被拐卖妇女罪的共犯。

3. 事实三：（1）乙与张某成立强奸罪共犯，属于轮奸情节，应当适用加重情节的法定刑。（1 分）（2）乙与张某成立强迫卖淫罪共犯，应当数罪并罚。（1 分）

4. 事实四：（1）丙犯盗窃罪，为抗拒抓捕而使用暴力的，成立（事后）抢劫罪。（1 分）（2）甲明知丙抢劫事实，以共犯意思参与丙的犯罪行为，也向被害人使用暴力，属于抢劫罪承继的共犯。（1 分）（3）按照“部分实行全部责任”原则，丙对被害人死亡应当承担刑事责任，属于抢劫致人死亡的结果加重犯；（1 分）但甲属于承继的共犯，其对先前行为导致的结果不负刑事责任，而本案查不清楚是谁的行为导致的死亡结果，按照存疑时有利于行为人的原则，甲对被害人的死亡结果不负刑事责任。（1 分）

5. 事实五：（1）甲、丁偷盗婴儿意图出卖的行为成立拐卖儿童罪的共犯。（1 分）（2）甲、丁要求婴儿父母支付赎金的行为成立绑架罪，应当数罪并罚；（1 分）之后杀害婴儿的行为成立绑架罪结合犯。（1 分）（3）甲供述拐卖儿童罪的行为不成立自首，因其属于司法机关掌握的犯罪的选择性罪名；（1 分）但其供述的绑架罪应当认定为准自首。（1 分）

6. 事实六：（1）甲揭发丁的犯罪事实成立立功，其中揭发丁杀人事实成立重大立功。（1 分）（2）丁将张某杀死的行为，不存在事实认识错误，成立故意杀人罪既遂；（1 分）

丁将王某打死的行为属于具体事实认识错误中的方法错误，按照法定符合说，成立故意杀人罪，与对张某的故意杀人罪成立想象竞合犯；按照具体符合说，成立过失致人死亡罪，与对张某的故意杀人罪成立想象竞合犯。（2 分）（3）丁盗窃枪支、子弹的行为成立盗窃枪支、弹药罪，与故意杀人罪应当数罪并罚，不属于牵连犯。（1 分）

案例十二

案情： 甲年近七旬，唆使乙弄几个女子让自己选购。乙凭着自己的高颜值，以谈恋爱为名将女大学生李某带回山村，趁李某熟睡之际高价卖与甲。当晚，甲强行与李某发生了性关系。

之后甲从李某处问出了李某家的联系方式，遂让 15 周岁的丙负责看管、关押李某，甲到镇上给李某父母打电话，要求其父母送钱赎人，否则撕票。甲回家时发现，丙为猥亵李某而殴打李某，致使李某摔成重伤。甲恼羞成怒，将丙痛打一顿，阻止了丙的猥亵、侮辱行为。

李某的父母查到了甲所在山村，遂向当地派出所报案，在警察解救李某的过程中，乙发现情况后，担心其犯罪行为案发，使用暴力阻碍警察解救李某。

警察丁抓获了乙，审讯过程中发现乙桀骜不驯，愤怒中将乙打成重伤。

在随后对李某问话时，丁以实施暴力相威胁逼迫李某陈述“乙拐卖并强奸自己”的事实，使得后来法官对乙判处了更重的刑罚。

问： 根据刑法规定和相关理论，全面分析甲、乙、丙、丁的刑事责任。

参考答案与分析思路

1. 关于甲的刑事责任分析：

（1）甲唆使乙拐卖妇女，乙因此拐卖妇女，甲成立拐卖妇女罪（既遂）的教唆犯；之后甲明知李某是被拐卖的妇女仍然收买的，成立收买被拐卖的妇女罪（既遂）。两罪之间不存在“手段－目的”关系的通常性，不属于牵连犯，应当数罪并罚。（3分）

（2）甲在收买被拐卖的妇女李某之后，强行与其发生性关系的，成立强奸罪，应当数罪并罚。（2分）

（3）甲收买李某之后，采取实力控制的手段，关押李某，将其作为人质，向其父母索要赎金的，成立绑架罪（既遂）。（2分）

（4）甲痛打丙，阻止其猥亵、侮辱李某的行为，按照不同观点会得出不同结论：如果认为没达到法定年龄的人实施侵犯他人利益的行为不属于不法侵害，则甲不成立正当防卫，但可能成立紧急避险；如果认为没达到法定年龄的人实施侵犯他人利益的行为属于不法侵害，则甲成立正当防卫。（5分）

2. 关于乙的刑事责任分析：

（1）乙欺骗李某并将其出卖给甲的行为，成立拐卖妇女罪（既遂），与甲成立拐卖妇女罪的共犯。（3分）

（2）乙使用暴力手段阻碍警察解救李某的行为，成立妨害公务罪；该行为虽然帮助了甲的绑架行为，但乙不知道甲绑架事实，故不成立绑架罪的帮助犯。（3分）

3. 关于丙的刑事责任分析：

（1）丙只有15周岁，故丙看管、关押李某的行为不成

立犯罪，之后强制猥亵、侮辱李某的行为也不成立强制猥亵、侮辱罪。(2 分)

(2) 丙在非法拘禁李某的过程中，对李某使用暴力致使李某摔成重伤的，属于"非法拘禁使用暴力致人重伤"的情形，成立故意伤害罪。(3 分)

4. 关于丁的刑事责任分析：

(1) 警察丁将乙打成重伤的行为，成立故意伤害罪。该行为不属于刑讯逼供行为，因为丁打乙不是为了逼取口供。(3 分)

(2) 丁以暴力相威胁逼迫李某陈述案件事实的行为不成立暴力取证罪，但成立妨害作证罪；该行为使得法官违背事实和法律做出了错误的判决，同时成立徇私枉法罪（属于间接正犯），与妨害作证罪属于想象竞合犯。(4 分)

案例十三

案情： 王某是某黑社会性质组织的领导者，刘某，林某和丁某是该组织的积极参加者。某日，王某和刘某在酒店用餐，刘某到前台结账时，应付 3000 元，收银员吴某故意在 POS 机上的收款数额设为 30000 元，刘某果然看错，刷卡后输入密码付款。

付款后，刘某发现酒店多收了钱，告知王某。王某非常生气，便和刘某找到吴某，要求其退钱。吴某不从，王某与刘某恼羞成怒，企图劫持吴某，要其还钱。两人在对吴某进行捆绑时，不慎导致吴某摔成重伤。两人担心酒店人员报警，遂放弃了劫持吴某的想法，匆忙离开现场。

王某和刘某走到酒店门口时，酒店的武某等 4 名保安将两人围住，不让其离开。王某让刘某找人帮忙，刘某便给林某和丁某发短信，私下叫两人带枪前来。林某和丁某将枪藏在外套里来到现场，护送王某上了私家车。众保安见王某已经上车，便准备散去。王某却在气愤之下，吩咐刘某等人“好好教训下那些保安”，随即驾车离开。刘某立刻让林某和丁某掏枪向武某等人射击，两人各自同时开了一枪。证据表明，其中一人瞄准的是武某的腿部开枪，但未射中，另一人则直接击中武某腹部，致其身亡，但无法查明究竟是林某还是丁某射出的子弹击中了武某。

问：

1. 对吴某的行为如何定性，可能有哪些不同的见解，各自的理由是什么？

2. 对于王某和刘某针对吴某实施的行为，该如何定性？理由为何？

3. 就导致武某死亡的行为，应当如何认定王某、刘某、林某、丁某等人的刑事责任（其中对王某的刑事责任的认定，存在什么不同见解）？要求分别答出相应理由。

参考答案与分析思路

1. 关于吴某通过修改收款数额使得刘某多付27000元的行为，根据诈骗罪的成立是否要求被骗人具有处分意识，存在以下观点：

观点一认为，只要被骗人被骗后处分财产，行为人就成立诈骗罪，而不要求被骗人具有处分意识（处分意识不要说）。按照该观点，吴某欺骗刘某，使其被骗后多处分了27000元，吴某应成立诈骗罪。（3分）

观点二认为，被骗人被骗后处分了财产，而且认识到所处分财产的性质、数量等，行为人才成立诈骗罪（处分意识必要说中的严格论）。吴某欺骗刘某，刘某认识到自己处分餐费，但未认识到处分餐费的具体金额，故吴某不成立诈骗罪；吴某以非法占有为目的，完全违反刘某的意志，将其27000元划账至自己账户，成立盗窃罪（间接正犯）。(3分)

观点三认为，被骗人被骗后处分了财产，而且只要认识到了所处分财产的基本性质，行为人就成立诈骗罪（处分意识必要说中的缓和论）。按照该观点，吴某欺骗刘某，刘某已经认识到了处分餐费，即使刘某未认识到具体数额，吴某也应成立诈骗罪。(3分)

2. 关于王某、刘某控制吴某致使其重伤的行为，分析如下：

（1）司法解释规定，为索取非法债务而强取他人财物的，不成立抢劫罪。按照当然解释，为索取合法债务而强取财物的，更不可能成立抢劫罪。对此，应按照其不当的方式、方法具体认定犯罪。因吴某非法取得王某、刘某财产，故王某、刘某企图劫持吴某而索回财物的行为，不可能成立抢劫罪。(3分)

（2）按照刑法规定，为索取债务而非法扣押、拘禁他人的，按照非法拘禁罪的相关规定论处。故王某、刘某将吴某控制的行为不属于绑架行为，而是非法拘禁行为。在非法拘禁吴某的过程中，王某、刘某的拘禁行为过失致使吴某重伤，在司法实践中，其行为应成立非法拘禁罪，属于致人重伤的结果加重犯（注意：司法实践中只要非法拘禁行为致人重伤、死亡，都应认定为结果加重犯）。王某、刘某的行为不属于“非法拘禁使用暴力致人死亡”的情形，不适用该法律拟制的规定，不成立故意杀人罪。至于王某、刘某逃跑的行为，不影响非法拘禁罪的成立，也不影响犯罪既遂、未遂的判断。(4 分)

3. 关于王某等人致使武某死亡的事实，分析如下：

(1) 林某、丁某成立故意伤害（致死）罪的共犯。作为黑社会性质组织的积极参与者，林某、丁某受刘某指使，为教训、报复他人，携带枪支赶到现场，然后同时向武某开枪，致使武某死亡的，二人具有共犯关系，属于共同正犯，即二人相互联系和配合，彼此为对方的行为提供了物理和心理的联系作用。按照部分实行全部责任原则，无论致命伤系林某导致还是丁某导致，都应将其归属于林某、丁某。由于其中一枪射向被害人腿部，一枪射向被害人腹部，无法查清谁射中被害人腹部而致使被害人死亡，即无法确定是以杀人故意实施的行为致使被害人死亡，还是以伤害故意实施的行为致使被害人死亡，按照存疑时有利于行为人的原则，仅认定为故意伤害致人死亡，故林某、丁某成立故意伤害（致死）罪，都属于主犯。与林某、丁某的参加黑社会性质组织罪并罚。(4 分)

(2) 刘某成立故意杀人罪的教唆犯。刘某指使林某、丁某携带枪支赶往现场，并在现场指使二人向保安开枪，致使武某死亡，按照共犯从属性原理，应将林某、丁某致人死亡的违法事实归属于刘某；刘某主观上明知自己的教唆行为可能使林某、丁某打死他人，而放任死亡结果的发生，具有教唆他人杀害被害人的故意，成立故意杀人罪的教唆犯，属于主犯。与刘某的参加黑社会性质组织罪并罚。(4 分)

（3）王某的行为性质及其刑事责任存在不同观点。观点一认为，王某指使刘某等人“教训”他人，表面上没有教唆杀人的故意，最多是教唆伤害的故意，故王某的教唆行为虽然引起了刘某等人的杀人行为，但王某仅负故意伤害（致死）罪教唆犯的刑事责任。观点二认为，王某虽然指使刘某等人“教训”他人，但作为黑社会性质组织的组织者，对其成员在其指使下实施的违法行为均应承担刑事责任，王某对于可能引起他人死亡的事实至少具有间接故意，故王某应当承担故意杀人罪既遂的教唆犯的刑事责任。王某同样属于主犯。与王某的组织黑社会性质组织罪并罚。(6分)

案例十四

案情：甲（15周岁）意图抢劫刘某的财物，携带作案工具进入刘某家。甲在刘某卧室翻找财物时将刘某惊醒，遂用事先准备的铁锤猛砸刘某的头部，致使刘某当场倒地，一动不动，甲以为刘某已经死亡，遂将抽屉中的5000元现金取走，临出门时，为毁灭证据，放火焚烧刘某住宅，导致严重后果。法医尸检报告表明，刘某死于火灾。(事实一)

甲随后逃跑。乙在河边听到有人喊抓贼，看到甲从对岸涉水过河。乙拿起木棍打甲，甲害怕，就掏出抢来的5000元钱，表示如果不打就将“弄”来的钱给乙。乙拿走5000元，并强行对甲搜身，取走甲的手机。乙让甲藏在其知道的河边的一个山洞中，追赶甲的人问乙是否看到甲，乙谎称甲朝某方向逃走。(事实二)

乙到洗浴中心洗澡，见李某在休息厅睡觉，并将88号衣柜钥匙牌放在茶几上，乙将钥匙牌拿走。到更衣室后，乙对洗浴中心的服务员说，自己和88号衣柜的客人是朋友，让服务员打开第一道锁，自己用盗来的钥匙打开第二道锁，窃取2万元钱后，将钥匙放回原处。（事实三）

丙与李某有仇，雇请乙杀害李某，乙同意。丙事先给了乙2万元的预备费用，约定杀害李某后，再给乙18万元。乙的女友丁得知后对乙说："丙为啥自己不杀，要你杀？"乙遂放弃了杀李某的念头，与丁共同消费了丙给付的2万元。几天后，李某重病死亡，乙乘机对丙说："我已经杀了李某，警察已经在通缉我，你得再给我18万，否则我要揭发你。"于是，丙给了乙18万元。乙将真相告诉丁，并将18万元钱交给丁保管。事后丙发现了真相，要求乙将20万元归还，但乙拒不归还。（事实四）

问：请根据刑法规定与刑法理论全面分析甲、乙、丙、丁行为的刑事责任。

参考答案与分析思路

1. 事实一中，甲成立抢劫罪与放火罪，应当并罚。

（1）甲以非法占有为目的，入户实施了抢劫杀人的行为，但被害人死于甲之后的毁尸灭迹行为，甲的行为属于事前故意（韦伯的概括故意）。（1分）

（2）观点一认为，甲的抢劫杀人行为与被害人死亡之间存在因果关系，甲成立抢劫（致人死亡）罪与故意杀人罪既遂的想象竞合犯，从一重罪（抢劫罪的加重情节）论处，与放火罪应当数罪并罚。（1分）

（3）观点二认为，甲的抢劫杀人行为与被害人死亡之间不存在因果关系，甲成立抢劫（致人死亡）罪未遂与故

意杀人罪未遂的想象竞合，从一重罪（抢劫罪）论处，与放火（致人死亡）罪数罪并罚。(1分)

（4）通说采取观点一：甲的抢劫杀人行为具有导致被害人死亡的具体的、现实的危险，与死亡结果之间存在“没有前者就没有后者”的条件关系；即使二者之间存在介入因素，但该介入因素的出现具有通常性，没有中断因果关系，即甲的抢劫杀人行为与刘某的死亡结果之间具有刑法上的因果关系。(1分）虽然客观的因果发展进程与甲预想的杀人进程不一致，这属于因果关系错误，不影响犯罪故意的认定，故甲成立抢劫（致人死亡）罪与故意杀人罪既遂的想象竞合，与放火罪并罚；(2分）因甲未满18周岁，不得判处死刑，应当从轻或者减轻处罚。(1分)

2. 事实二中，乙成立掩饰、隐瞒犯罪所得罪、抢劫罪、窝藏罪，应当并罚。

（1）因为甲的违法行为已经结束，而且不属于被人现场发现而追赶的过程中，故乙殴打甲的行为不成立正当防卫，但因未导致伤害结果，也不成立其他犯罪。(1分)

（2）甲主动将其犯罪所得财物交给乙，乙明知是赃物而收取的，成立掩饰、隐瞒犯罪所得罪。(1分)

（3）乙强行对甲搜身取得甲手机的行为属于“压制反抗强行取财”的行为，成立抢劫罪。(1分)

（4）乙明知甲是涉嫌犯罪的犯罪分子，为其提供隐藏处所，帮助其逃匿的，成立窝藏罪。(1分)

（5）乙对追赶者谎报甲逃跑方向的行为，不属于向司法机关或者司法工作人员作假证明包庇他人的行为，不成立包庇罪。(1分)

3. 事实三中，乙成立盗窃罪。

（1）乙虽然窃取了李某衣柜钥匙牌，但并未因此而占有其中的财物，故乙取走衣柜中财物的行为不可能成立侵占罪。(1 分)

（2）即使李某失去了对钥匙牌的占有，衣柜中的财物依然属于李某占有，服务员属于占有辅助者，服务员没有处分李某财产的权限和地位，故乙骗服务员最终取得财物的行为不成立诈骗罪。(1 分)

（3）乙以非法占有为目的，完全违反占有者李某保护财产的意志，直接实施了转移财物占有的行为，成立盗窃罪的直接正犯，而非间接正犯，数额 2 万元。(2 分)

4. 事实四中，乙成立诈骗罪与敲诈勒索罪的想象竞合犯，丁成立掩饰、隐瞒犯罪所得罪。

（1）丙雇请乙杀人，但最终乙并未实施杀人行为，乙不成立故意杀人罪；按照共犯从属性说，因乙没实施杀人行为，丙也不成立故意杀人罪的教唆犯。(1 分)

（2）乙获取 2 万元现金时并无诈骗故意，而是属于意图实施的犯罪行为的报酬，故不成立诈骗罪，也不成立其他犯罪；相应地，丁与乙一起消费 2 万元的行为也不成立犯罪。(2 分)

（3）乙并未实施杀人行为，而向丙索要 18 万元的行为，成立诈骗罪，因乙虚构事实，隐瞒真相，骗取了丙的财物；(1 分）同时乙以恶害相通告，使丙产生恐惧心理而处分财物，成立敲诈勒索罪；（1 分）乙的诈骗罪与敲诈勒索罪属于想象竞合犯，从一重罪论处。(1 分)

（4）丁明知乙犯罪所得 18 万元而为其保管的行为，成

立掩饰、隐瞒犯罪所得罪。（1 分）

（5）丙知道真相后要求乙退还 20 万元的行为，要区分 18 万元与 2 万元：18 万元属于犯罪所得，不予退还的行为不具有期待可能性，不成立犯罪。（1 分）对于乙不予退还 2 万元的行为是否成立侵占罪，刑法理论上存在分歧：观点一认为，2 万元属于不法原因给付物，对于丙而言，不存在值得法律保护的所有权，而且也没有值得保护的信赖和信任制度，故乙的行为不成立侵占罪；（1 分）观点二认为，丙对于 2 万元现金存在事实上的所有权，乙将其据为己有，违反了基本社会秩序，成立侵占罪。（1 分）观点一是主流观点（开放式回答）。（1 分）

案例十五

案情：赵某与钱某原本是好友，赵某受钱某之托，为钱某保管一幅名画（价值 800 万元）达三年之久。某日，钱某来赵某家取画时，赵某要求钱某支付 10 万元保管费，钱某不同意。赵某突然起了杀意，为使名画不被钱某取回进而据为已有，用花瓶猛砸钱某的头部，钱某头部受重伤后昏倒，不省人事，赵某以为钱某已经死亡。刚好此时，赵某的朋友孙某来访。赵某向孙某说“我摊上大事了”，要求孙某和自己一起将钱某的尸体埋在野外，孙某同意。

二人一起将钱某抬至汽车的后座，由赵某开车，孙某坐在钱某身边。开车期间，赵某不断地说“真不该一时冲动”“悔之晚矣”。其间，孙某感觉钱某身体动了一下，仔细察看，发现钱某并没有死。但是，孙某未将此事告诉赵某。到野外后，赵某一人挖坑并将钱某埋入地下（致钱某窒息身亡），孙某一直站在旁边没做什么，只是反复催促赵某动作快一点。

一个月后，孙某对赵某说："你做了一件对不起朋友的事，我也做一件对不起朋友的事。你将那幅名画给我，否则向公安机关揭发你的杀人罪行。"三日后，赵某将一幅赝品（价值8000元）交给孙某。孙某误以为是真品，以600万元的价格卖给李某。李某发现自己购买了赝品，向公安机关告发孙某，导致案发。

问：

1. 关于赵某杀害钱某以便将名画据为己有这一事实，可能存在哪几种处理意见？各自的理由是什么？

2. 关于赵某以为钱某已经死亡，为毁灭罪证而将钱某活埋导致其窒息死亡这一事实，可能存在哪几种主要处理意见？各自的理由是什么？

3. 孙某对钱某的死亡构成何罪（说明理由）？是成立间接正犯还是成立帮助犯（从犯）？

4. 孙某向赵某索要名画的行为构成何罪（说明理由）？关于法定刑的适用与犯罪形态的认定，可能存在哪几种观点？

5. 孙某将赝品出卖给李某的行为是否构成犯罪？为什么？

参考答案与分析思路

1. 关于赵某杀害钱某以便将名画据为己有这一事实，可能存在两种处理意见。其一，认定为侵占罪与故意杀人罪，实行数罪并罚。理由是，赵某已经占有了名画，不可能对名画实施抢劫行为，杀人行为同时使得赵某将名画据为己有，所以，赵某对名画成立（委托物）侵占罪，对钱某的死亡成立故意杀人罪。其二，认定成立抢劫罪一罪。理由是，赵某杀害钱某是为了使名画不被返还，钱某对名画的返还请求权是一种财产性利益，财产性利益可以成为抢劫罪的对象，所以，赵某属于抢劫财产性利益。(6 分)

2. 赵某以为钱某已经死亡，为毁灭罪证而将钱某活埋导致其窒息死亡，属于事前的故意或概括的故意。对此事实的处理，主要有两种观点：其一，将赵某的前行为认定为故意杀人未遂（或普通抢劫），将后行为认定为过失致人死亡，对二者实行数罪并罚或者按想象竞合处理。理由是，毕竟是因为后行为导致死亡，但行为人对后行为只有过失；其二，应认定为故意杀人既遂一罪（或故意的抢劫致人死亡即对死亡持故意一罪）。理由是，前行为与死亡结果之间的因果关系并未中断，前行为与后行为具有一体性，故意不需要存在于实行行为的全过程。答出其他有一定道理的观点的，适当给分。(7 分)

3. 孙某对钱某的死亡构成故意杀人罪。孙某明知钱某没有死亡，却催促赵某动作快一点，显然具有杀人故意，客观上对钱某的死亡也起到了作用。即使认为赵某对钱某成立抢劫致人死亡，但由于钱某不对抢劫负责，也只能认定为故意杀人罪。倘若在前一问题上认为赵某成立故意杀人未遂（或普通抢劫）与过失致人死亡罪，那么，孙某就是利用过失行为实施杀人的间接正犯；倘若在前一问题上认为赵某成立故意杀人既遂（或故意的抢劫致人死亡即对死亡持故意），则孙某成立故意杀人罪的帮助犯（从犯）。(7 分)

4. 孙某索要名画的行为构成敲诈勒索罪。理由：孙某的行为完全符合本罪的构成要件，因为利用合法行为使他人产生恐惧心理的也属于敲诈勒索。一种观点是，对孙某应当按800万元适用数额特别巨大的法定刑，同时适用未遂犯的规定，并将取得价值8000元的赝品的事实作为量刑情节，这种观点将数额巨大与特别巨大作为加重构成要件；另一种观点是，对孙某应当按8000元适用数额较大的法定刑，认定为犯罪既遂，不适用未遂犯的规定，这种观点将数额较大视为单纯的量刑因素或量刑规则。（8分）

5. 孙某出卖赝品的行为不构成诈骗罪，因为孙某以为出卖的是名画，不具有诈骗故意。（2分）

案例十六

案情： 高某（男）与钱某（女）在网上相识，后发展为网恋关系，其间，钱某知晓了高某一些隐情，并以开店缺钱为由，骗取了高某20万元现金。

见面后，高某对钱某相貌大失所望，相处不久更感到她性格古怪，便决定断绝关系。但钱某百般纠缠，最后竟以公开隐情相要挟，要求高某给予500万元补偿费。高某假意筹钱，实际打算除掉钱某。

随后，高某找到密友夏某和认识钱某的宗某，共谋将钱某诱骗至湖边小屋，先将其掐昏，然后扔入湖中溺死。事后，高某给夏某、宗某各20万元作为酬劳。

按照事前分工，宗某发微信将钱某诱骗到湖边小屋。但宗某得知钱某到达后害怕出事后被抓，给高某打电话说："我不想继续参与了。一日网恋十日恩，你也别杀她了。"高某大怒说："你太不义气啦，算了，别管我了！"宗某又随即打钱某电话，打算让其离开小屋，但钱某手机关机未通。

高某、夏某到达小屋后，高某寻机抱住钱某，夏某掐钱某脖子。待钱某不能挣扎后，二人均误以为钱某已昏迷（实际上已经死亡），便准备给钱某身上绑上石块将其扔入湖中溺死。此时，夏某也突然反悔，对高某说："算了吧，教训她一下就行了。"高某说："好吧，没你事了，你走吧！"夏某离开后，高某在钱某身上绑石块时，发现钱某已死亡。为了湮灭证据，高某将钱某尸体扔入湖中。

高某回到小屋时，发现了钱某的 LV 手提包（价值 5 万元），包内有 5000 元现金、身份证和一张储蓄卡，高某将现金据为己有。

三天后，高某将 LV 提包送给前女友尹某，尹某发现提包不是新的，也没有包装，问："是偷来的还是骗来的"，高某说："不要问包从哪里来。我这里还有一张储蓄卡和身份证，身份证上的人很像你，你拿着卡和身份证到银行柜台取钱后，钱全部归你。"尹某虽然不知道全部真相，但能猜到包与卡都可能是高某犯罪所得，但由于爱财还是收下了手提包，并冒充钱某从银行柜台取出了该储蓄卡中的 2 万元。

问：请根据刑法相关规定与刑法原理分析高某、夏某、宗某和尹某的刑事责任（要求注重说明理由，并可以同时答出不同观点和理由）。

参考答案与分析思路

（一）高某的刑事责任

1. 高某对钱某成立故意杀人罪。是成立故意杀人既遂还是故意杀人未遂与过失致人死亡罪的想象竞合，关键在于

如何处理构成要件的提前实现。(4分)

答案一：虽然构成要件结果提前发生，但掐脖子本身有致人死亡的紧迫危险，能够认定掐脖子时就已经实施杀人行为，故意存在于着手实行时即可，故高某应对钱某的死亡承担故意杀人既遂的刑事责任。

答案二：高某、夏某掐钱某的脖子时只是想致钱某昏迷，没有认识到掐脖子的行为会导致钱某死亡，亦即缺乏既遂的故意，因而不能对故意杀人既遂负责，只能认定高某的行为是故意杀人未遂与过失致人死亡的想象竞合。

2. 关于拿走钱某的手提包和5000元现金的行为性质，关键在于如何认定死者的占有。(4分)

答案一：高某对钱某的手提包和5000元现金成立侵占罪，理由是死者并不占有自己生前的财物，故手提包和5000元现金属于遗忘物。

答案二：高某对钱某的手提包和5000元现金成立盗窃罪，理由是死者继续占有生前的财物，高某的行为属于将他人占有财产转移给自己占有的盗窃行为，成立盗窃罪。

3. 将钱某的储蓄卡与身份证交给尹某取款2万元的行为性质。(4分)

答案一：构成信用卡诈骗罪的教唆犯。因为高某不是盗窃信用卡，而是侵占信用卡，利用拾得的他人信用卡取款的，属于冒用他人信用卡，高某唆使尹某冒用，故属于信用卡诈骗罪的教唆犯。

答案二：构成盗窃罪。因为高某是盗窃信用卡，盗窃信用卡并使用的，不管是自己直接使用还是让第三者使用，均应认定为盗窃罪。

（二）夏某的刑事责任

1. 夏某参与杀人共谋，掐钱某的脖子，构成故意杀人罪既遂。（或：夏某成立故意杀人未遂与过失致人死亡的想象竞合，理由与高某相同）（3 分）

2. 由于发生了钱某死亡结果，夏某的行为是钱某死亡的原因，夏某不可能成立犯罪中止。（3 分）

（三）宗某的刑事责任

宗某参与共谋，并将钱某诱骗到湖边小屋，成立故意杀人既遂。宗某虽然后来没有实行行为，但其前行为与钱某死亡之间具有因果，没有脱离共犯关系；宗某虽然给钱某打过电话，但该中止行为未能有效防止结果发生，不能成立犯罪中止。（4 分）

（四）尹某的刑事责任

1. 尹某构成掩饰、隐瞒犯罪所得罪。因为从客观上说，该包属于高某犯罪所得，而且尹某的行为属于掩饰、隐瞒犯罪所得的行为；尹某认识到可能是高某犯罪所得，因而具备明知的条件。（4 分）

2. 尹某冒充钱某取出 2 万元的行为性质。（4 分）

答案一：构成信用卡诈骗罪。因为尹某属于冒用他人信用卡，完全符合信用卡诈骗罪的构成要件。

答案二：构成盗窃罪。尹某虽然没有盗窃储蓄卡，但认识到储蓄卡可能是高某盗窃所得，并且实施使用行为，属于承继的共犯，故应以盗窃罪论处。

案例十七

案情： 甲、乙（15 周岁）、丙三人与李某一起打麻将，由于在李某身后安装了针孔摄像头，共赢取李某 15 万元。

但李某仅带有现金5万元，在支付5万元后，写下了10万元的欠条。李某在起身离开时发现丙身上的摄像设备，要求甲、乙、丙归还欠条，丙见事情败露，夺门而逃，甲、乙使用暴力将李某打成重伤后离开。

甲、乙拿着李某的欠条，将10万元改成100万元，并找到丁（17周岁），告诉丁“李某欠自己100万元，要回钱后给丁电脑一台”。于是丁听从甲、乙安排，将李某的女儿戊（16周岁，丁以前的同学）约出来后与甲、乙一起将其关押，并打电话要求李某偿还欠款100万元。

甲、乙发现戊很漂亮，准备强奸戊，正要实施奸淫行为时被丁发现，丁万般无奈，苦苦哀求甲、乙“戊是我心上人，不要强奸，你俩实在控制不住，猥亵即可”。甲、乙遂对戊实施了强制猥亵、侮辱行为。

戊对丁终日破口大骂，丁遂向甲、乙提出“不如将戊杀害”的建议，甲、乙与丁遂将戊捆绑后扔进湖里。

甲、乙、丁继续向李某索要钱财。甲随后找到丙，并告知其绑架戊向李某索要钱财的事实，要求丙将其信用卡给甲，以便李某将钱打入卡中。李某将5万元转入甲指定的账户，但由于女儿突然回家而随即报案。事后证明，丁在发现真相后提议杀戊是为了让其逃跑，并在将戊推进湖里之前将其身上的绳索割断，戊因此而逃命。

问：请根据刑法规定与刑法理论全面分析甲、乙、丙、丁的刑事责任。

参考答案与分析思路

1. 关于甲、乙、丙骗取李某财物并将李某打伤行为的分析如下：

（1）甲、乙、丙通过打麻将赢取李某15万元的行为，不属于“聚众赌博或者以赌博为业”，其行为也不属于赌博行为，不成立赌博罪。(1分)

（2）甲、乙、丙以非法占有为目的，通过设置赌博圈套的方式骗取李某15万元，成立诈骗罪既遂的共犯，数额15万元。乙因未达到刑事法定年龄，不负刑事责任。(2分)

（3）李某识破骗局后，要求甲等人归还欠条，甲、乙为窝藏诈骗所得赃物欠条，对李某当场使用暴力，将李某打成重伤，符合《刑法》第269条规定的事后抢劫，成立抢劫罪，属于抢劫致人重伤的结果加重犯。(1分)

（4）乙虽然参与实施了事后抢劫的行为，但其行为性质存在理论分歧：有的主张乙成立故意伤害（重伤）罪，有的主张成立（事后）抢劫罪，属于致人重伤的结果加重犯。司法解释主张前者，认为乙成立故意伤害（重伤）罪，应当从轻或者减轻处罚，与甲在故意伤害罪范围内成立共犯。(2分)

（5）李某发现真相后，丙随即逃离现场，未参与事后抢劫行为，故丙对其不成立犯罪，仅负诈骗罪的刑事责任。(1分)

2. 关于甲、乙、丁非法关押戊并向李某索要100万元的行为分析如下：

（1）对于甲、乙将戊关押并向李某索要100万元，有的主张甲、乙与李某存在债权债务关系，故索要10万元债务关押戊成立非法拘禁罪，但关押戊后索要额外的90万元，成立绑架罪，属于想象竞合犯，从一重罪论处；有的认为，

10 万元欠条属于诈骗所得，不属于债务，甲、乙以勒索 100 万元为目的，实力控制戊，将其作为人质，成立绑架罪一罪。刑法理论与司法实践通常主张后一观点，认为甲、乙成立绑架罪的共犯，但乙未达到刑事法定年龄，不成立犯罪。(2 分)

（2）丁客观上参与了甲的绑架行为，但丁没有绑架故意，不成立绑架罪；丁主观上以为“为索取债务而非法扣押、拘禁他人”，仅具有非法拘禁的故意，绑架行为可以评价为非法拘禁行为，故丁的行为在非法拘禁罪范围内主客观一致，成立非法拘禁罪，因丁未满 18 周岁，应当从轻或者减轻处罚。(2 分)

（3）甲、丁在非法拘禁罪范围内成立共犯，甲成立绑架罪，丁成立非法拘禁罪；甲教唆不满 18 周岁的人犯罪，应当从重处罚。(1 分)

3. 关于甲、乙强奸、猥亵戊的行为分析如下：

（1）甲、乙在强奸过程中，在实施奸淫行为之前，经丁的劝说，自动放弃了奸淫行为，成立强奸罪（轮奸）中止，因未造成损害结果，应当免除处罚。(1 分)

（2）甲、乙中止强奸行为之后，另起犯意，对戊实施了强制猥亵、侮辱的行为，成立强制猥亵、侮辱罪的共犯，因乙未达到刑事法定年龄，不成立犯罪。(1 分)

（3）丁在戊遭受可能被强奸的紧迫危险时，不得已劝告甲、乙放弃强奸而猥亵戊，牺牲了戊较小法益而保护了较大法益，成立紧急避险，不成立犯罪。(1 分)

4. 关于甲、乙对戊实施杀人行为分析如下：

（1）甲绑架后对戊实施了故意杀人行为，因意志以外的原因未得逞，是否属于绑架罪的结合犯，存在分歧：观点一认为，绑架杀害被绑架人存在未遂问题，故甲成立绑架罪，属于“杀害被绑架人”的结合犯，适用其法定刑，同时适用总则关于未遂的处罚规定。观点二认为，绑架杀害被绑架人仅限于杀死被害人，故甲不成立绑架罪的结合犯，因甲的杀人行为仅导致戊轻伤，也不能适用“伤害被绑架人致使其重伤”的结合犯规定，而应认定为绑架罪与故意杀人罪未遂并罚。后者是当前理论中更为合理的观点，既符合当前刑法条文的规定，又可以做到罪刑相适应。(2 分)

（2）乙虽然参与杀人行为，但乙不成立绑架罪，仅成立故意杀人罪未遂，与甲在故意杀人罪范围内成立共犯。因乙不满 18 周岁，不得判处死刑，应当从轻或者减轻处罚。(2 分)

（3）丁为救戊，不得已以杀人为名将戊放跑，属于紧急避险，不成立犯罪。(1 分)

5. 关于甲、乙、丙、丁继续向李某索要财物的行为分析如下：

（1）甲、乙、丁绑架行为结束之后，继续以绑架为名向李某索要财物，既成立诈骗罪，还成立敲诈勒索罪，属于想象竞合犯，择一重罪论处。因乙未达到刑事法定年龄，不负刑事责任，不成立犯罪。(2 分)

（2）甲、乙、丁意图诈骗或者勒索 100 万元，但仅获得 5 万元，其法定刑的适用存在不同观点：观点一认为，“数额巨大”“数额特别巨大”属于加重构成要件，属于违法类型，存在未遂问题，故甲等人的行为既属于诈骗或者敲诈勒索数额较大（5 万元）既遂，适用数额较大的法定刑；其行为也属于诈骗或者敲诈勒索数额特别巨大（95 万元）未遂，应适用数额特别巨大的法定刑，同时适用未遂的处罚规定；二者属于想象竞合，择一重情形论处。观点二认为，“数额巨大”“数额特别巨大”属于量刑规则，不存在未遂问题，仅存在符合与不符合的问题，故甲等人的行为仅属于诈骗或者敲诈勒索数额较大情形的既遂。观点一是司法实践中的主流观点。(2 分)

(3) 丙客观上帮助了甲等人诈骗与敲诈勒索的行为，主观上具有绑架罪的故意，因客观上没有绑架行为，故丙不成立绑架罪的帮助犯；丙绑架的故意可以评价为敲诈勒索的故意，但不能评价为诈骗故意，故丙的行为成立敲诈勒索罪，不成立诈骗罪。(2 分)

(4) 甲、丙、丁在敲诈勒索罪范围内成立共犯，甲、丁成立诈骗罪与敲诈勒索罪的想象竞合犯，丙成立敲诈勒索罪。(1 分)

案例十八

案情： 甲在超市偷偷地将一台摄像机包装盒中的泡沫等取出，然后装入另一台摄像机（价值 2 万元）并包装好。在交款时，收银员以为是一台摄像机，便只收了甲一台摄像机的价款 2 万元。(事实一)

甲出门后，在超市门口看见李某将购物小票扔在地上，便立即捡起该小票，并拦住李某问：“你为什么拿走我购买的商品?”李某莫名其妙，甲将李某拉至超市找保安，保安不知如何处理，便叫来警察，警察便让李某将商品（价值 1 万元）还给甲，李某无奈之下只能将商品交给甲。(事实二)

甲应聘成为某公司电脑销售员。其所在商家规定，销售额高，可以获得一定奖励，而且可以下浮价格10%销售。甲为获取奖励，将所负责销售的电脑以低于商家定价50%的价格出售给自己好友，导致商家损失惨重。因被发现而逃跑。(事实三)

甲找到好友乙，二人伪造某省纪委印章、工作证后，找到某县工商局副局长王某，声称自己是省纪委工作人员，依法对王某进行调查，并将王某带到宾馆房间捆绑起来，逼着王某写其违法行为的交代材料。当王某写完材料后，甲、乙将王某放走，然后以王某交代的材料为把柄，以普通人的身份对王某勒索了10万元。(事实四)

甲的女友发现甲有违法嫌疑，遂提出分手。甲伤心欲绝，到某医院购买安眠药以便自杀。甲在购买安眠药遭到医生拒绝后，就用事先准备好的螺丝刀顶住旁边护士孙某的颈部进行威胁，逼迫医生提供安眠药，并支付了相当数额的现金作为药费。甲在服用医院提供的安眠药后，为等待药性发作，继续用螺丝刀顶住孙某的颈部，并将孙某的手腕划成轻伤，一直持续了一个半小时。在这期间，甲向医院提出，要求医院提供汽车给自己，以便到偏僻的地方等待死亡，否则不会释放孙某。当警察赶来时，甲仓皇逃走。(事实五)

在逃跑过程中，甲见一辆出租车上无人，钥匙还插在启动锁孔上，便迅速打开车门坐在驾驶座上，启动马达。车主赵某听到声响，跑过来呵斥甲熄火下车，并抢握方向盘、争夺汽车钥匙。甲加大油门，强行把汽车开走。次日，甲因开车操作不当，撞上电线杆，车子严重毁损。甲因此被抓获归案。事后，甲对警察说他开车是用来“玩一玩”，不想长期占有。(事实六)

问：请根据刑法规定与刑法理论全面分析甲、乙的刑事责任。

参考答案与分析思路

1. 关于事实一中甲的行为分析如下：

甲的行为成立盗窃罪还是诈骗罪，取决于诈骗罪的成立是否要求被骗人有处分意识及其如何理解处分意识。（1 分）

（1）观点一认为，只要被骗人因被骗而处分财物，行为人都成立诈骗罪。按照该观点，甲成立诈骗罪，数额 2 万元。

（2）观点二认为，被骗人对自己处分的财物具有完全的处分意识，行为人才成立诈骗罪。按照该观点，收银员没有认识到摄像机的数量，甲不成立诈骗罪；甲完全违反被害人意志而转移财物占有，应成立盗窃罪。

（3）观点三认为，被骗人对自己处分的财物具有基本的处分意识，行为人才成立诈骗罪。按照该观点，因收银员意识到自己处分财物的基本性质，故甲成立诈骗罪，而不成立盗窃罪。（2 分，答出两种观点即可）

理论上主流观点采取观点二（或者三）。（1 分，简要分析理由，开放式回答）

2. 关于事实二中甲的行为分析如下：

甲通过欺骗警察而取得李某的财物，是否成立诈骗罪，取决于警察是否具有处分李某财产的权限和地位。

（1）如果认为警察具有处分财产的权限和地位，则甲成立诈骗罪，属于三角诈骗。（1 分）

（2）如果认为警察没有处分财产的权限和地位，则甲不成立诈骗罪。（1 分）甲完全违反李某意志取得了李某的财物，因不属于压制反抗、强行取财，故不成立抢劫罪，（1分）可能成立盗窃罪或者抢夺罪：如果主张秘密取财成立盗窃、公然取财成立抢夺，则甲成立抢夺罪；（1分）如果主张公然取财也可以成立盗窃罪，则甲成立盗窃罪。（1分）

3. 关于事实三中甲的行为分析如下：

（1）甲的行为造成商家财产损失，但甲将电脑售予其亲友，表明甲具有非法占有目的，甲不成立故意毁坏财物罪。（1分）

（2）作为公司工作人员，甲基于职务已经占有、管理电脑，即电脑不属于他人占有的财物，故甲不成立盗窃罪。（1分）

（3）甲利用职务之便，将其管理中的财物非法占为己有，成立职务侵占罪。（1分）

（4）虽然甲利用职务之便将单位财物低价出售给亲友，但甲不具有国家工作人员身份，故不可能成立为亲友非法牟利罪。（1分）

4. 关于事实四中甲、乙的行为分析如下：

（1）甲、乙二人伪造国家机关印章、证件，妨害国家机关公信力，严重扰乱社会秩序，成立伪造国家机关证件、印章罪（注意：纪委工作证属于国家机关证件，如果是单位内部的通行证之类的则不属于国家机关证件）。（1分）

（2）甲、乙利用伪造的国家机关证件、印章冒充国家机关工作人员招摇撞骗，严重扰乱社会秩序的，成立招摇撞骗罪，与伪造国家机关证件、印章罪属于牵连犯，应择一重罪（从重）处罚。（2分）

（3）甲、乙将王某带到宾馆予以捆绑，非法剥夺其人身自由，没有勒索财物目的、没有非法占有财物的目的，仅成立非法拘禁罪，应与其他犯罪数罪并罚。(1 分)

（4）甲、乙以非法占有为目的，利用获取的王某的违法材料勒索其财物，成立敲诈勒索罪，数额 10 万元，应与其他犯罪数罪并罚。(1 分)

5. 关于事实五中甲的行为分析如下：

（1）甲为获取安眠药，使用暴力手段控制护士孙某，将其作为人质，成立绑架罪既遂。(1 分)

（2）甲以此相威胁，强迫医院工作人员交易安眠药，成立强迫交易罪，与绑架罪属于想象竞合犯，从一重罪论处(或主张同时成立抢劫罪，属于想象竞合犯)。(1 分)

（3）甲控制孙某后将孙某打成轻伤的行为不属于绑架罪的结合犯，应成立故意伤害（轻伤）罪，与绑架罪数罪并罚。(2 分)

（4）甲以控制人质孙某相威胁，要求医院工作人员提供汽车，属于压制反抗、强行取财的行为，成立抢劫罪，与绑架罪属于想象竞合犯。(1 分)

6. 关于事实六甲的行为分析如下：

（1）甲排除司机对出租车的支配与控制，妨害到司机对出租车财产效用的行使，甲具有排除意思；甲将出租车开走，即使只是“玩一玩”，甲也具有利用意思，即甲具有非法占有目的，其取得出租车的行为不成立故意毁坏财物罪。(1 分)

（2）无论司机是否在出租车内，司机都占有出租车。甲以非法占有的目的，完全违反占有者的意志，转移了财物占有，但不属于压制反抗、强行取财，故甲的行为不成立抢劫罪。（1 分）根据盗窃罪与抢夺罪区分标准的不同，甲的行为可能成立抢夺罪或者盗窃罪。（2 分，具体分析略）

案例十九

案情：甲与余某有一面之交，知其孤身一人。某日凌晨，甲携匕首到余家盗窃，物色一段时间后，未发现可盗财物。此时，熟睡中的余某偶然大动作翻身，且口中念念有词。甲怕被余某认出，用匕首刺死余某，仓皇逃离。（事实一）

逃跑中，因身上有血迹，甲被便衣警察程某盘查。程某上前拽住甲的衣领，试图将其带走。甲怀疑遇上劫匪，与程某扭打。甲的朋友乙开黑车经过此地，见状停车，和甲一起殴打程某。程某边退边说："你们不要乱来，我是警察。"甲对乙说："别听他的，假警察该打。"程某被摔成轻伤。（事实二）

司机谢某见甲、乙打人后驾车逃离，对乙车紧追。甲让乙提高车速并走"蛇形"，以防谢某超车。汽车开出 2 公里后，乙慌乱中操作不当，车辆失控撞向路中间的水泥隔离墩。谢某刹车不及撞上乙车受重伤。赶来的警察将甲、乙抓获。（事实三）

在甲、乙被起诉后，甲父丙为使甲获得轻判，四处托人，得知丁的表兄刘某是法院刑庭庭长，遂托丁将 15 万元转交刘某。丁给刘某送 15 万元时，遭到刘某坚决拒绝。（事实四）

丁告知丙事情办不成，但仅退还丙 5 万元，其余 10 万元用于自己炒股。在甲被定罪判刑后，无论丙如何要求，丁均拒绝退还余款 10 万元。丙向法院自诉丁犯有侵占罪。（事

实五）

问：

1. 就事实一，对甲的行为应当如何定性？理由是什么？

2. 就事实二，对甲、乙的行为应当如何定性？理由是什么？

3. 就事实三，甲、乙是否应当对谢某重伤的结果负责？理由是什么？

4. 就事实四，丁是否构成介绍贿赂罪？是否构成行贿罪（共犯）？是否构成利用影响力受贿罪？理由分别是什么？

5. 就事实五，有人认为丁构成侵占罪，有人认为丁不构成侵占罪。你赞成哪一观点？具体理由是什么？

参考答案与分析思路

1. 甲携带凶器盗窃、入户盗窃，应当成立盗窃罪。如暴力行为不是作为压制财物占有人反抗的手段而使用的，只能视情况单独定罪。在盗窃过程中，为窝藏赃物、抗拒抓捕、毁灭罪证而使用暴力的，才能定抢劫罪。甲并非出于上述目的，因而不应认定为抢劫罪。在本案中，被害人并未发现罪犯的盗窃行为，并未反抗；甲也未在杀害被害人后再取得财物，故对甲的行为应以盗窃罪和故意杀人罪并罚，不能对甲定抢劫罪。（5 分）

2. 甲、乙的行为系假想防卫。假想防卫视情况成立过失犯罪或意外事件。在本案中，甲、乙在程某明确告知是警察的情况下，仍然对被害人使用暴力，主观上有过失。但是，过失行为只有在造成重伤结果的场合，才构成犯罪。甲、乙

仅造成轻伤结果，因此，对于事实二，甲、乙均无罪。(5 分)

3. 在被告人高速驾车走蛇形和被害人重伤之间，介入被害人的过失行为（如对车速的控制不当等）。谢某的重伤与甲、乙的行为之间，仅有条件关系，从规范判断的角度看，是谢某自己驾驶的汽车对乙车追尾所造成，该结果不应当由甲、乙负责。(4 分)

4. (1) 丁没有在丙和法官刘某之间牵线搭桥，没有促成行贿受贿事实的介绍行为，不构成介绍贿赂罪。(2 分)

(2) 丁接受丙的委托，帮助丙实施行贿行为，构成行贿罪（未遂）共犯。(2 分)

(3) 丁客观上并未索取或者收受他人财物，主观上并无收受财物的意思，不构成利用影响力受贿罪。(2 分)

5. (1) 构成。理由：①丁将代为保管的他人财物非法占为己有，数额较大，拒不退还，完全符合侵占罪的犯罪构成。②无论丙对 10 万元是否具有返还请求权，10 万元都不属于丁的财物，因此该财物属于“他人财物”。③虽然民法不保护非法的委托关系，但刑法的目的不是确认财产的所有权，而是打击侵犯财产的犯罪行为，如果不处罚侵占代为保管的非法财物的行为，将可能使大批侵占赃款、赃物的行为无罪化，这并不合适。(5 分)

(2) 不构成。理由：①10 万元为贿赂款，丙没有返还请求权，该财物已经不属于丙，因此，丁没有侵占“他人的财物”。②该财产在丁的实际控制下，不能认为其已经属于国家财产，故该财产不属于代为保管的“他人财物”。据此，不能认为丁虽未侵占丙的财物但侵占了国家财产。③如认定为侵占罪，会得出民法上丙没有返还请求权，但刑法上

认为其有返还请求权的结论，刑法和民法对相同问题会得出不同结论，法秩序的统一性会受到破坏。(5分)

案例二十

案情： 甲是A公司（国有房地产公司）领导，因私人事务欠蔡某600万元。蔡某让甲还钱，甲提议以A公司在售的商品房偿还债务，蔡某同意。甲遂将公司一套价值600万元的商品房过户给蔡某，并在公司财务账目上记下自己欠公司600万元。三个月后，甲将账作平，至案发时亦未归还欠款。(事实一)

A公司有工程项目招标。为让和自己关系好的私营公司老板程某中标，甲刻意安排另外两家公司与程某一起参与竞标。甲让这两家公司和程某分别制作工程预算和标书，但各方约定，若这两家公司中标，就将工程转包给程某。程某最终在A公司预算范围内以最优报价中标。为感谢甲，程某花5000元购买仿制古董赠与甲。甲以为是价值20万元的真品，欣然接受。(事实二)

甲曾因公务为A公司垫付各种费用5万元，但由于票据超期，无法报销。为挽回损失，甲指使知情的程某虚构与A公司的劳务合同并虚开发票。甲在合同上加盖公司公章后，找公司财务套取"劳务费"5万元。(事实三)

问：

1. 在事实一中，甲的行为成立贪污罪还是挪用公款罪？为什么？

2. 在事实二中，甲的行为成立串通投标罪吗？甲收受仿制古董的行为成立受贿罪吗？为什么？

3. 在事实三中，甲的行为成立贪污罪吗？为什么？

参考答案与分析思路

1. 在事实一中，甲将一套商品房过户给蔡某，并在公司财务账目上记下自己欠公司600万元，意味着甲向公司购买了一套商品房，只是没有支付房款而已，但单位账目清晰、明确。因此，甲将商品房过户给蔡某的行为不构成贪污罪。（3分）甲将商品房过户给蔡某，并在公司财务账目上记下自己欠公司600万元，只是表明甲欠公司600万元，但甲并未将国有公司的公款挪归个人使用，故其行为不成立挪用公款罪。（3分）但是，甲挪用公款后采取虚假发票平账、销毁有关账目等手段，使所挪用的公款已难以在单位财务账目上反映出来，且没有归还行为的，应当以贪污罪定罪处罚。（3分）

2. 在事实二中，甲虽与投标人串通，但未就投标价格等进行串通，其行为并未侵犯国家、集体、公民的合法利益，不成立串通投标罪。（3分）同理，程某与其他投标者并未就投标价格等串通，没有损害招标人或者其他投标人利益，不成立串通投标罪，按照共犯从属性说，甲不可能成立串通投标罪的教唆犯。（4分）程某为感谢甲而购买仿制古董赠送给甲，财物价值5000元，由于行贿罪的成立要求行为人谋取的是不正当的利益，但程某按照正常情形获取了相关的利益，程某的行为不构成行贿罪；甲仅收受价值5000元的财物，也不成立受贿罪。（4分）

3. 在事实三中，甲为公司垫付费用5万元，与公司存在债权债务关系，有权从公司获得5万元现金。（3分）甲与程某相勾结，致使自己从公司领取了5万元的，因甲是处分财物的人，不存在诈骗行为，而且甲缺乏非法占有目的或者不法所有公共财物的目的，甲既不构成诈骗罪，也不构成贪污罪。(4 分）由于甲的行为不成立诈骗罪与贪污罪，按照共犯从属性原理，程某的帮助行为也不构成诈骗罪或者贪污罪的帮助犯。(3 分)

案例二十一

案情：某地政府为村民发放扶贫补贴，由各村村委会主任审核本村申请材料并分发补贴款。某村村委会主任王某、会计刘某以及村民陈某合谋伪造申请材料，企图每人套取 5 万元补贴款。王某任期届满，周某继任村委会主任后，政府才将补贴款拨到村委会。周某在分发补贴款时，发现了王某、刘某和陈某的企图，便只发给三人各 3 万元，将剩余 6 万元据为己有。三人心知肚明，但不敢声张。(事实一)

后周某又想私自非法获取土地征收款，欲找县国土局局长张某帮忙，遂送给县工商局局长李某 10 万元，托其找张某说情。李某与张某不熟，送 5 万元给县财政局局长胡某，让胡某找张某。胡某找到张某后，张某碍于情面，违心答应，但并未付诸行动。(事实二)

周某为感谢胡某，从村委会账户取款 20 万元购买玉器，并指使会计刘某将账做平。周某将玉器送给胡某时，被胡某拒绝。周某只好将玉器退还商家，将退款 20 万元返还至村委会账户，并让刘某再次平账。(事实三)

问：根据刑法及其相关理论，全面分析本案行为人的刑事责任问题。

参考答案与分析思路

1. 在事实一中，村委会主任王某、会计刘某协助政府审核申请、发放扶贫补贴款，属于依法从事公务的人员，应认定为国家工作人员。王某、刘某以不法所有为目的，利用主管、管理政府补贴款的便利，骗取扶贫补贴款的，成立贪污罪。（3分）村民陈某虽然不属于国家工作人员，但与王某、刘某通谋，参与实施贪污行为，应以贪污罪的共犯论处；周某在分发补贴款时，明知王某、刘某、陈某共同贪污，仍然发放补贴款，致使贪污事实得以实现，成立贪污罪。（4分）周某、王某、刘某、陈某成立贪污罪的共犯；由于四人都为贪污15万元的违法事实发挥了物理上的因果联系作用，应将贪污15万元的违法事实归属于四人，而不能仅将每个人实际获取的贪污数额归属于每个犯罪人。（3分）

2. 周某为谋取不正当利益，想私自非法获取土地征收款，而给予国家工作人员县工商局局长李某10万元，成立行贿罪。（2分）李某为谋取不正当利益，给予国家工作人员县财政局局长胡某5万元，成立行贿罪。（2分）李某为了替请托人谋取不正当利益，收受请托人周某10万元，利用其职权和职责形成的影响和便利，请托国家工作人员胡某为周某谋取不正当利益，即使胡某予以（虚假）承诺的，李某也成立斡旋方式的受贿罪既遂。（3分）国家工作人员胡某为替周某谋取不正当利益而进行斡旋，收受李某财物5万元，即使为周某尚未实际谋取利益，也应认定为受贿罪既遂，因为受贿罪中“为他人谋取利益”仅要求承诺为他人谋取利益即可。（3分）

3. 贪污罪是一种以非法占有为目的的财产性职务犯罪，与盗窃、诈骗、抢夺等侵犯财产罪一样，应当以行为人是否实际控制财物作为区分贪污罪既遂与未遂的标准。周某挪用村委会20万元购买玉器行贿，并指使会计刘某将账做平，表明周某对20万元具有非法占有目的，而且周某已经实际控制了20万元，应成立贪污罪既遂，而不成立挪用公款罪。（4分）刘某明知周某实施贪污行为，仍为其实施了帮助行为，使得周某获取了公共财产20万元的，成立贪污罪的共犯。（3分）之后刘某帮周某将退回的20万元在账面上做平的，不属于向司法机关作假证明包庇周某的行为，不成立包庇罪。该行为属于毁灭贪污罪证的行为，但周某、刘某都是贪污罪的犯罪人，刘某的行为也是毁灭自己犯罪证据的行为，不具有期待可能性，不成立帮助毁灭证据罪。(3分)

案例二十二

案情：国有化工厂车间主任甲与副厂长乙（均为国家工作人员）共谋，在车间的某贵重零件仍能使用时，利用职务之便，制造该零件报废、需向五金厂（非国有企业）购买的假象（该零件价格26万元），以便非法占有货款。甲将实情告知五金厂负责人丙，嘱丙接到订单后，只向化工厂寄出供货单、发票而不需要实际供货，等五金厂收到化工厂的货款后，丙再将26万元货款汇至乙的个人账户。

丙为使五金厂能长期向化工厂供货，便提前将五金厂的26万元现金汇至乙的个人账户。乙随即让事后知情的妻子丁去银行取出26万元现金，并让丁将其中的13万元送给甲。3天后，化工厂会计准备按照乙的指示将26万元汇给五金厂时，因有人举报而未汇出。甲、乙见事情败露，主动向检察院投案，如实交代了上述罪行，并将26万元上交检察院。

此外，甲还向检察院揭发乙的其他犯罪事实：乙利用职务之便，长期以明显高于市场的价格向其远房亲戚戊经营的原料公司采购商品，使化工厂损失近300万元；戊为了使乙长期关照原料公司，让乙的妻子丁未出资却享有原料公司10%的股份（乙、丁均知情），虽未进行股权转让登记，但已分给红利58万元，每次分红都是丁去原料公司领取现金。

问：请分析甲、乙、丙、丁、戊的刑事责任（包括犯罪性质、犯罪形态、共同犯罪、数罪并罚与法定量刑情节），须答出相应理由。

参考答案与分析思路

1. 甲、乙利用职务上便利实施了贪污行为，虽然客观上获得了26万元，构成贪污罪，但该26万元不是化工厂的财产，没有给化工厂造成实际损失；甲、乙也不可能贪污五金厂的财物，所以，对甲、乙的贪污行为只能认定为贪污未遂。（3分）甲、乙犯贪污罪后自首，可以从轻或者减轻处罚。（2分）甲揭发了乙为亲友非法牟利罪与受贿罪的犯罪事实，构成立功，可以从轻或者减轻处罚。（2分）

2. 乙长期以明显高于市场的价格向其远房亲戚戊经营的原料公司采购商品，使化工厂损失近300万元的行为构成为亲友非法牟利罪。（2分）乙以妻子丁的名义在原料公司享有10%的股份分得红利58万元的行为，符合受贿罪的构成要件，成立受贿罪。对于为亲友非法牟利罪与受贿罪以及上述贪污罪，应当实行数罪并罚。（4分）

3. 丙将五金厂的26万元挪用出来汇给乙的个人账户，不是为了个人使用，也不是为了谋取个人利益，不能认定为挪用资金罪。(3 分) 但是，丙明知甲、乙二人实施贪污行为，客观上也帮助甲、乙实施了贪污行为，所以，丙构成贪污罪的共犯（从犯)。(3 分)

4. 丁将 26 万元取出的行为，不构成掩饰、隐瞒犯罪所得罪，因为该 26 万元不是贪污犯罪所得，也不是其他犯罪所得。(3 分) 丁也不成立贪污罪的共犯，因为丁取出 26 万元时该 26 万元不是贪污犯罪所得。丁将其中的 13 万元送给甲，既不是帮助分赃，也不是行贿，因而不成立犯罪。丁对自己名义的干股知情，并领取贿赂款，构成受贿罪的共犯（从犯)。(5 分)

5. 戊作为回报让乙的妻子丁未出资却享有原料公司 10% 的股份，虽未进行股权转让登记，但让丁分得红利 58 万元的行为，是为了谋取不正当利益，构成行贿罪。(3 分)

案例二十三

案情: 甲是某国有公司董事长，乙是该公司董事。

经该国有公司董事会决定，将公司的 1000 万元借给某民营企业使用，每月利息 50 万元。但该国有公司与民营企业签订的是无息借款合同，民营企业每月将 50 万元利息交给国有公司董事会，国有公司董事会成员将利息私分。至案发时，甲、乙等人共分得 1200 万元。

乙负责国有公司招投标项目，丁是民营企业负责人。乙在负责的某个招投标项目竞标前主动向丁表示，如果该民营企业想中标，就应答应乙如下事项：该民营企业中标后，乙把项目中的某一原材料从单价 50 元提高到 100 元，这样国有公司会向该民营企业多支付 200 万元，然后由丁给乙 100 万元，但是丁必须先向乙交付 100 万元。丁为了能顺利中标，答应了乙的条件，后来也按照该方案进行了操作。

招投标结束后，甲对丁谎称：招标工作花费了100万元，但公司最近流动资金紧张，希望民营企业承担一半。丁按照甲的示意将50万元交给该国有公司长期挂单的一家饭店，并收到该饭店出具的发票。甲将其中的10万元用于偿还公司餐费，将剩余的40万元据为己有。

一段时间后，丁为了向国有公司索要货款500万元，遂找到甲，希望国有公司能尽快支付货款。甲交给丁100万元，让丁代自己购买商品房（市价300万元）。丁垫付了200万元后将该房屋落户在其亲属名下，但占用的是甲的购房指标。一年后甲让丁将房屋卖掉，丁将500万元售房款扣除自己垫付的200万元以及一年期存款利息10万元后，将剩余的290万元交给了甲。

丁邀请甲的妹妹丙和自己一起成立一家公司，给丙40%的股份，但丙没有出资。丁要求丙通过甲把国有公司的一些关联业务做进来。丙跟甲说明了这个情况，甲同意了。此后一年中，甲利用职务之便，将本公司的一些营利业务交给丁，使得国有公司损失500万元，丙从中分得利润200万元，但甲没有获得任何好处。

甲与其妻戊都是国家工作人员，其收入、支出差额巨大，司法人员责令甲、戊说明其差额部分1000万元的合法来源，甲交代系自己集资诈骗所得、戊交代系自己贪污所得，但根据甲、戊所交代的线索都无法查证属实。

问：请根据刑法规定与刑法理论全面分析甲、乙、丙、丁、戊的刑事责任。

参考答案与分析思路

1. 甲、乙等人不成立挪用公款罪，成立贪污罪共犯，数额1200万元。

（1）挪用公款罪的成立要求“挪用公款归个人使用”，即挪给自然人使用，或者以个人名义挪给其他单位使用，或者个人决定以单位名义将公款挪给其他单位使用，谋取个人利益。故本案中国有公司决定以单位名义挪用公款给其他单位使用，不成立挪用公款罪。(2分)

（2）国有公司借出公款所获取的利息1200万元属于公司财产，甲、乙等人利用职务之便将其据为己有的，成立贪污罪共犯，数额均为1200万元。该行为不属于国有公司为单位（多数或者所有员工）利益而私分国有资产，故不成立私分国有资产罪。(2分)

2. 乙、丁二人获得200万元的行为成立贪污罪共犯，不成立贿赂犯罪。

（1）乙、丁共谋，利用乙主管、管理、经营、经手公共财物的便利，以不法所有为目的，将国有公司200万元公共财物据为己有，成立贪污罪共犯，数额均为200万元；乙是正犯，属于主犯，丁是帮助犯，属于从犯，应当从轻、减轻或者免除处罚。(2分)

（2）乙事先获取丁给予的100万元，属于丁提前垫付的贪污所得，不属于职务行为的对价或者报酬，故乙不成立受贿罪，丁也不成立行贿罪。(2分)

3. 甲获取丁给予的50万元成立诈骗罪与受贿罪的想象竞合犯，但丁不成立犯罪。

（1）甲虽以国有公司之名索取丁50万元，但并非为了

公司利益，其行为不成立单位受贿罪。(1 分)

(2) 甲以非法占有为目的，虚构事实骗取丁 50 万元，成立诈骗罪；该行为同时属于利用职务之便，索取贿赂的情形，成立受贿罪（从重处罚），与诈骗罪属于想象竞合犯，从一重罪论处。(2 分)

(3) 甲事后将诈骗或者受贿所得中的 10 万元用于偿还公司餐费不成立犯罪，即获取赃款后的用途既不影响犯罪成立，也不影响犯罪数额的认定。(1 分)

(4) 由于丁既没有从甲处获取不正当利益，也没有获取不正当利益的目的，故丁给予甲 50 万元的行为不成立行贿犯罪。(1 分)

4. 甲向丁借钱买房的行为不成立犯罪。

即使丁有求于甲的职务行为，但甲让丁为自己买房而让丁垫付房款 200 万元的行为，属于借钱行为。在卖房后，丁连本带息扣除了自己为甲垫付的 210 万元，故甲未利用职务之便收取丁任何财产性利益。至于房价上涨后甲获取的房款收益，属于正常获取的市场利润。故甲、丁的行为都不成立犯罪。(3 分)

5. 关于甲为丙、丁谋取利益的行为分析如下：

(1) 甲明知特定关系人丙利用自己的影响为丁谋取了不正当利益，并收取了他人 200 万元，但甲未让丙退还，表明甲接受该财物作为自己职务行为的对价，成立受贿罪，丙成立受贿罪的帮助犯。(2 分)

(2) 甲利用国家工作人员的职务便利，将本单位营利事项交给丙、丁经营，造成国有公司重大损失，成立为亲友非法牟利罪；该行为同时成立贪污罪，数额 500 万元，与为

亲友非法牟利罪属于想象竞合犯，从一重罪论处，并与受贿罪数罪并罚。(3 分)

(3) 丙属于国家工作人员特定关系人，利用国家工作人员的影响，为请托人谋取不正当利益，并收取了 200 万元，成立利用影响力受贿罪，同时成立受贿罪的帮助犯，属于想象竞合犯，从一重罪论处。(2 分)

(4) 丁为谋取不正当利益，给予国家工作人员特定关系人丙以财物，谋取了不正当利益，成立对有影响力的人行贿罪；因其知晓甲清楚真相，该财物也是指向甲的职务行为，同时成立行贿罪，与对有影响力的人行贿罪属于想象竞合犯。(2 分)

6. 甲、戊拒不说明巨额财产来源的行为成立巨额财产来源不明罪。

甲、戊都属于国家工作人员，对其共同财产收入、支出差额巨大部分都有说明来源的义务；二人虽然形式上说明来源，但因无法证明，仍然属于“拒不说明来源”的情形，成立巨额财产来源不明罪。对于差额部分 1000 万元，甲、戊都应当负刑事责任，而且应以非法所得论，予以追缴。(2 分)

案例二十四

某县民政局局长赵某为竞争公安局局长职位，找到时任县长的发小钱某，希望钱某能帮助自己。钱某向赵某提出，因自己最近准备去澳门考察，想去赌场碰碰手气，希望借用民政局抢险、救灾款 500 万元，并表示三个月后归还，赵某遂将款项转给钱某。几天后，赵某暗示钱某，其中 300 万元已经通过虚构救灾领款人的方式平账。三个月后钱某从澳门回来，将 200 万元交给赵某，但由于赵某已经顺利成为公安

局局长，至案发前一直未归还民政局。(事实一)

钱某的妻子孙某（县中学教师）的小学同学李某成立了一家旅游开发有限公司，并给予孙某40%股份。孙某给县里相关部门负责人通气后，该旅游开发公司承包了县里多个旅游景点。在之后的两年中，孙某共收取了1000万元分红。李某在经营过程中遭到竞争对手举报，遂向孙某求助。孙某将真相告知了钱某，钱某要求孙某将1000万元退还李某，但孙某表示钱已经花掉，自己没钱退还李某。钱某遂表示自己会想办法解决，并要求孙某“下不为例”。孙某发短信告知李某“钱已知真相，会解决问题，安心”。(事实二)

钱某指使赵某调查举报之事。赵某在调查中发现，孙某与李某存在不正当关系。钱某知晓后，极为愤怒，指使赵某“我再也不想看到李某这人”。赵某遂以查案为由，将李某带到某山区宾馆关押。李某看到赵某拿着绳子进入房间时，知道赵某对自己已起杀心，遂对赵某说“钱某是一个薄情寡义的人，你将来日子也不好过”，并表示，如果赵某放了自己，自己将永远离开，再也不回来。赵某意动，遂要求李某向家人打电话，让其家人准备1000万元放入车中，并将车停在某乡间公路十字路口，否则将杀死李某。但李某将电话打给孙某，孙某照办。赵某拿到钱后，将李某打成重伤，然后拿着李某的血衣向钱某复命。(事实三)

孙某知道真相后，深感自己罪孽深重，遂向市公安局投案，如实交代了自己收受干股的事实，并揭发了赵某故意伤害李某的事实。市公安局向市纪委报告后，市纪委将赵某带走，赵某当即供述了自己故意伤害李某的事实，并交代了自己向李某索要1000万元的事实。(事实四)

钱某知道赵某被纪委带走后，顿感自己末日来临，遂开车逃窜。钱某夜间疲劳驾驶，在一乡间小道上将骑自行车的王某撞倒，钱某下车后发现王某身受重伤，觉得王某没有救助可能，遂开车逃跑。次日早上，王某被人发现后送往医院，因流血过多未得到及时救助而死亡。（事实五）

饥渴难耐的钱某将车停在路边，进入一民居中窃取食物。钱某在窃取食物后，发现店主刘某双脚打着石膏坐在折叠床上静静地看着自己，钱某担心刘某认出自己，遂以杀人故意将刘某打倒在地。钱某为毁尸灭迹，随后放火焚烧刘某住宅，钱某被惊醒的邻居抓获。事后证明，刘某系死于火灾。（事实六）

问：根据刑法规定与相关理论，全面分析赵某、钱某、孙某、李某的刑事责任。

参考答案与分析思路

1. 事实一中，钱某成立挪用公款罪的教唆犯（数额 500 万元）、受贿罪（300 万元），赵某成立挪用公款罪的正犯（数额 200 万元）、贪污罪（数额 300 万元）、行贿罪（300 万元），均应数罪并罚。

（1）钱某指使赵某挪用抢险、救灾款 500 万元归个人使用，即使钱某在澳门参加赌博不成立犯罪，但挪用后超过三个月未还的，属于挪用公款罪的违法行为，赵某成立挪用公款罪的正犯，钱某成立挪用公款罪的教唆犯。

（2）由于赵某通过虚构救灾领款人的方式平账 300 万元，表明其具有不法所有的目的，其挪用的 300 万元抢险、救灾款转化为贪污罪；钱某归还 200 万元给赵某，赵某一直未归还，仍然成立挪用公款罪。

（3）钱某为赵某谋取了利益，双方达成不归还300万元的协议，钱某成立受贿罪，数额300万元；赵某为谋取不正当利益，而给予钱某300万元的，成立行贿罪；钱某成立挪用公款罪的教唆犯，数额500万元，赵某成立挪用公款罪，数额200万元。

2. 事实二中，钱某成立受贿罪（数额1000万元），孙某成立受贿罪共犯与利用影响力受贿罪正犯的想象竞合犯（数额1000万元），李某成立行贿罪与对有影响力的人行贿罪的想象竞合犯（数额1000万元）。

（1）国家工作人员钱某明知自己的特定关系人孙某利用自己的职务影响收取了请托人李某的财物，而不要求其退还或者上交纪委等部门，视为钱某利用职务之便接受了贿赂，成立受贿罪，数额1000万元。

（2）钱某成立受贿罪，其特定关系人孙某帮其收受了财物，成立受贿罪的帮助犯，数额1000万元。孙某利用钱某的职务之便，收受请托人李某的财物，为李某谋取了不正当利益，其行为同时成立利用影响力受贿罪，与受贿罪属于想象竞合犯。

（3）李某为谋取不正当利益，给予国家工作人员的特定关系人孙某财物，成立对有影响力的人行贿罪。李某事后知道钱某清楚全案真相，明知其给予孙某的财物指向了国家工作人员钱某的职务行为，其行为同时成立行贿罪，与对有影响力的人行贿罪属于想象竞合犯。

3. 事实三中，赵某成立非法拘禁罪、故意杀人罪中止、绑架罪的结合犯，应当数罪并罚；钱某成立故意杀人罪未遂的教唆犯。

（1）国家机关工作人员赵某以办案为由，利用职权非法拘禁李某，成立非法拘禁罪既遂，应当从重处罚。

（2）赵某以杀人故意，着手实行了杀人行为；但因李某的劝告，赵某自动放弃了杀人行为，赵某成立故意杀人罪中止。

（3）赵某在放弃杀人行为之后，另起犯意，实施了绑架行为，勒索了赎金 1000 万元，其行为性质存在分歧：观点一认为，赵某的行为仅成立绑架罪一罪；观点二认为，赵某将李某作为人质而实力控制，成立绑架罪既遂，之后索取 1000 万元的行为成立敲诈勒索罪，二者属于牵连犯，从一重罪（从重）处罚。当然，赵某在绑架过程中，故意伤害被绑架人李某，致使其重伤的，成立绑架罪的结合犯。

（4）钱某指使赵某“我再也不想看到李某这人”，表明钱某至少具有间接故意的杀人故意；钱某的教唆行为引起了赵某着手杀人，但赵某中止了杀人行为，按照共犯从属性原则，应将赵某的杀人行为归属于钱某，钱某承担故意杀人罪未遂的教唆犯责任。

4. 事实四中，孙某的受贿犯罪成立一般自首，揭发了赵某故意伤害李某的事实成立立功；赵某供述自己伤害李某的事实属于坦白，交代自己索取现金的行为不成立准自首。

（1）孙某自动投案，如实供述了自己收受贿赂的事实，其受贿罪与利用影响力受贿罪成立一般自首。孙某揭发赵某伤害李某的事实，查证属实的，属于立功。

（2）赵某被市纪委带走，供述了市纪委已经掌握的自己的伤害事实，由于赵某已被采取强制措施，故缺乏自动投案情节，既不成立一般自首，也不成立准自首。

5. 事实五中，钱某违章驾驶，致使王某死亡，其行为存在不同处理意见：

（1）观点一认为，交通肇事“因逃逸致人死亡”的认定，不要求交通肇事行为本身已经成立交通肇事罪的基本犯，只要具有一般的交通肇事行为即可。钱某疲劳驾驶，致使王某被撞成重伤，虽然不符合交通肇事罪的基本犯，但属于一般意义上的交通肇事行为。钱某为逃避法律责任而逃离事故现场，致使被害人王某得不到及时救助而死亡的，成立交通肇事罪，属于“因逃逸致人死亡”的情形。

（2）观点二认为，交通肇事“因逃逸致人死亡”的认定，要求之前的交通肇事行为成立交通肇事罪的基本犯。按照司法解释，钱某疲劳驾驶，致使王某重伤，尚未成立交通肇事罪；钱某为逃避法律责任而逃离事故现场，其行为才成立交通肇事罪。之后王某得不到及时救助而死亡，应将其归属于钱某的交通肇事行为，其行为成立交通肇事罪的基本犯。由于钱某觉得王某没有救助可能，缺乏杀人故意，故钱某不救助王某的行为不成立故意杀人罪。

6. 事实六中，钱某盗窃财物后，为了灭口而将刘某杀死的行为，司法实践中存在不同的处理意见：

第一种处理意见认为，钱某成立盗窃罪、故意杀人罪、放火罪，应当数罪并罚。

（1）钱某以非法占有为目的，入户盗窃财物，成立盗窃罪。刘某虽然发现了钱某，但刘某没有抓捕等行为，钱某杀害刘某不是为了窝藏赃物、抗拒抓捕，不成立转化型抢劫罪；钱某担心被害人刘某认出自己，而将其杀害的，因被害人不属于证据本身，钱某杀害刘某不属于“毁灭罪证”，也不成立转化型抢劫罪。

（2）钱某杀害刘某的行为成立故意杀人罪。钱某以为自己的杀人行为（第一行为）已经杀死刘某，而实施毁尸灭迹行为（第二行为），最后致使刘某死亡的，属于因果关系错误中的事前故意。根据因果关系判断的不同结论，存在以下分歧：观点一认为，钱某的第一行为与刘某的死亡结果不存在因果关系，应将死亡结果归属于钱某的第二行为，故钱某的行为成立故意杀人罪未遂与过失致人死亡罪，应当并罚。观点二认为，钱某的第一行为具有导致刘某死亡的危险性，之后介入了钱某的毁尸灭迹行为，该介入行为属于正常的介入因素，并未中断钱某的杀人行为与刘某的死亡结果之间的因果关系，故应将该死亡结果归属于钱某的第一行为，即钱某的第一行为与刘某的死亡结果之间存在因果关系。虽然客观的因果发展进程与钱某预想的因果发展进程不一致，这属于因果关系错误问题，不影响犯罪故意的判断，故钱某成立故意杀人罪既遂一罪。观点二是主流观点。

（3）钱某杀人后毁尸灭迹的行为，不具有期待可能性，不成立帮助毁灭证据罪。但钱某放火焚烧民居的行为，具有引发火灾的紧迫、现实危险，危及不特定、多数人的生命、健康、财产安全，成立放火罪，应当数罪并罚。如果采取上述第一种观点，则应将刘某的死亡结果归属于钱某的放火行为，成立放火罪的结果加重犯。如果采取上述第二种观点，则应将刘某的死亡结果归属于钱某的杀人行为，钱某成立放火罪的基本犯。

第二种处理意见认为，钱某成立转化型抢劫罪与放火罪，应当数罪并罚。

（1）钱某以非法占有为目的，入户盗窃财物，成立盗窃罪。因被害人刘某已经发现了钱某，钱某为防止刘某提供证言，而将其杀死的，属于“为毁灭罪证，当场杀害刘某”的行为，成立转化型抢劫罪。

（2）钱某的行为属于因果关系错误中的事前故意，其行为性质存在不同观点。观点一认为，钱某的抢劫杀人行为与刘某的死亡结果之间存在因果关系，只是存在因果关系错误，但不影响犯罪故意的认定，即钱某的行为成立抢劫（致人死亡）罪与故意杀人罪既遂。观点二认为，钱某的抢劫杀人行为与刘某的死亡结果之间不存在因果关系，钱某的抢劫杀人行为成立抢劫（致人死亡）罪未遂与故意杀人罪未遂；之后钱某的毁尸灭迹行为致使刘某死亡，成立过失致人死亡罪。

（3）钱某转化型抢劫行为同时触犯故意杀人罪。关于二者的关系，刑法理论上存在不同观点。观点一认为，钱某的行为触犯（转化型）抢劫（致人死亡）罪与故意杀人罪既遂，二者属于法条竞合，应以特殊法条（转化型）抢劫（致人死亡）罪论处。观点二认为，钱某的行为触犯（转化型）抢劫（致人死亡）罪与故意杀人罪既遂，但任何一个犯罪都不足以完整、全面评价钱某的违法事实，应认定其行为属于想象竞合，从一重罪论处。

（4）钱某为毁尸灭迹而放火焚毁现场的行为成立放火罪，应当数罪并罚。如果主张钱某的抢劫杀人行为与刘某的死亡结果之间存在因果关系，则不能将刘某的死亡归属于钱某的放火行为，钱某成立放火罪的基本犯；如果主张钱某的抢劫杀人行为与刘某的死亡结果之间不存在因果关系，则应将刘某的死亡归属于钱某的放火行为，钱某成立放火罪的结果加重犯。